Kathrin Blum & Silke Kohlmann

Glücksorte in Freiburg

Fahr hin & werd glücklich

Dieses

Glücksbuch

ist für

Liebe Glücksuchende,

was haben wir für ein Glück! In dieser Stadt zu leben, die so viele Schätze birgt: enge Gassen und großartige Architektur, urbane Plätze im Zentrum und Naturorte mit Weitblick, mutige Menschen, die dem kleinen Glück Raum geben oder mit großen Ideen die Zukunft gestalten. Freiburg ist ein Ort, an dem viele ihr Glück suchen – und finden! Studenten, die das Renommee der Uni genauso anzieht wie der Charme der Stadt. Menschen, die herziehen, um eine Arbeitsstelle in einem der innovativen Unternehmen zu finden. Und natürlich Touristen, die hier Urlaubsglück erleben.
Die Freiburger wissen ihr Glück zu schätzen: Sie genießen es, auf dem Münstermarkt frisches Obst und Gemüse aus der sonnenverwöhnten Region zu kaufen. Sie genießen es, am Ufer der Dreisam die Beine und die Seele baumeln zu lassen. Sie genießen den Charme der Straßencafés und die Nähe zur Natur. Sie leben Weltoffenheit und Nachhaltigkeit.
Auch Sie haben Glück! Denn dieses Buch ist ein Wegweiser ins Glück für Freiburg-Liebhaber – und alle, die es werden wollen.

Ihre Kathrin Blum & Silke Kohlmann

GLÜCK

Deine Glücksorte …

Wurststand

... noch mehr Glück für dich

Freiburg ahoi!

1 Unterwegs mit dem Bächleboot

Das Wasser plätschert um unsere Füße, kühlt die Knöchel und erfrischt unsere vom Stadtbummel geschundenen Sohlen. Hinter uns tanzt das Bächleboot über die Wellen. Doch Vorsicht! Ein Blatt droht es zum Kentern zu bringen. Umschifft! Glück gehabt. Weiter stromabwärts die nächste Gefahr: Hier verschwindet das Bächle für einige Meter unter dem Gehweg. Bloß die Schnur nicht loslassen, bloß das Boot nicht in den Tiefen verschwinden sehen!

Die Bächle gehören zu Freiburg wie die Elbe zu Hamburg. Und die Bächleboote sind eine Institution. Kein Freiburger Kind, das nicht mindestens eines auf dem Regal hätte. Aber nicht nur die Kleinen erfreuen sich an den Bächle. Wer tagsüber viel auf den Beinen war, kann sich darin herrlich erfrischen. Mit einer Eiswaffel oder einem Milchkaffee in der Hand und den Füßen im Wasser kann man einen Tag in der Stadt wunderbar ausklingen lassen.

Die Bächle, die Freiburgs Altstadt auf einer Länge von 15,5 Kilometern (davon 6,4 Kilometer unterirdisch) durchziehen, wurden übrigens weder für kleine Kapitäne noch für Touristen geschaffen: Sie ermöglichten den Freiburgern vor rund 800 Jahren Hände, Geschirr und Wäsche vor der Haustür zu reinigen. Gespeist werden sie aus dem Fluss Dreisam. Besucher, die zu Fuß unterwegs sind und versehentlich hineintappen, müssen übrigens einen Freiburger heiraten. So besagt es zumindest die stadtbekannte Legende. Doch keine Sorge: Sollte das passieren, steht einer gemeinsamen Bächlebootstour mit dem Freiburger Partner nichts im Weg – an den meisten Stellen passen zwei Boote nämlich problemlos nebeneinander. Die kleinen Boote sind übrigens nicht nur ein Glück für die Menschen, die sie durch die Bächle schippern lassen, sondern auch für diejenigen, die sie bauen. Hergestellt werden sie in Reha-Werkstätten, in denen psychisch kranke Menschen im geschützten Rahmen arbeiten können. Wer für den eigenen Nachwuchs oder als Mitbringsel ein Bächleboot möchte, findet einen Stand des Reha-Vereins an der Münsterstraße.

TIPP

Einmal jährlich findet das Bächlebootrennen statt, für das eigene Boote gebaut werden können.

- Die Bächle finden sich in der Kaiser-Joseph-Straße und den umliegenden Gässchen
- ÖPNV: Straßenbahnlinien 1, 2, 3 und 4, Haltestelle Bertoldsbrunnen

Die extra Portion Glück

2 Die Confiserie Rafael Mutter

Es ist die perfekte Mischung aus handwerklicher Höchstleistung und einem unnachahmlichen Gefühl für Ästhetik: die Confiserie-Kunst von Rafael Mutter. In einem kleinen Lädchen mit Cafébar kredenzt der Konditor eine unglaubliche Vielfalt an unterschiedlichen Schokoladen-Aromen. Trinkschokoladen aus Madagaskar, Ecuador, Kuba oder der Schokoladeninsel Sao Thomé – jede mit ihrem ganz eigenen Geschmack: die eine fruchtig, die andere würzig, eine mit einer Note von Vanille und Honig, die andere mit einem Hauch von Muskat. Wer es noch kräftiger liebt, sucht sich einen Schokoretto aus: den Espresso unter den Trinkschokoladen mit doppelt so viel Schokolade. „Für die extra Portion Glück" verheißt die Getränkekarte. Und der Schokoretto hält, was er verspricht: wenig süß, dafür umso schokoladiger. Dazu haben die Gäste die Qual der Wahl unter den Törtchen: geschichtete Kunstwerke aus Mousse au Chocolat, mit Walnuss oder Traube, Himbeere oder Kokos. Ein Highlight unter den Törtchen ist eines aus Schoko-Oliven-Mousse, verfeinert mit Olivenöl – ein unglaubliches Geschmackserlebnis.

TIPP
Eine Sünde wert: Trinkschokolade mit Karamell und einem Hauch Fleur de Sel.

Die Liebe zur Schokolade wurde Rafael Mutter in die Wiege gelegt. Schon vor seiner Geburt hatten seine Eltern eine Pralinenmanufaktur in Bad Säckingen eröffnet. Für Rafael Mutter war immer klar, dass auch er sein Glück in der Schokolade finden würde. Er vergrößerte das Sortiment und gründete seine Confiserie mit Café in der Freiburger Gerberau. In geradlinigem Ambiente servieren seine Mitarbeiterinnen die Trinkschokoladen, liebevoll dekoriert mit getrockneten Blüten, man sitzt auf der Empore oder am Fenster mit Blick auf eine der schönsten Gassen der Stadt. Und bevor man die Confiserie verlässt, kommt man nicht umhin, sich noch mit einem feinen Vorrat an Pralinen auszustatten: Trüffel mit Spätburgunder, Himbeer-Balsamico oder Safran-Curry, Nougat- oder Krokant-Kreationen und die besonders hübsche Praline Black Forest – natürlich mit einem Schlückchen Schwarzwälder Kirsch.

- Confiserie Rafael Mutter, Gerberau 5, 79098 Freiburg
www.confiserie-rafael-mutter.de
- ÖPNV: Straßenbahnlinien 2 und 3, Haltestelle Holzmarkt

confiserie

Sträßchen für Ästheten

3 Bummeln in der Konviktstraße

Sie ist bestimmt die hübscheste Gasse Freiburgs, die Konviktstraße. Glyzinien ranken sich girlandengleich über das schmale Sträßchen, im Frühjahr hängen die lila Blüten wie sanfte Wasserfälle von den Zweigen herab – man selbst schlendert darunter hindurch und bewundert die schmucken Häuserfassaden. Die schmalen Stadthäuschen sehen aus wie aus dem Mittelalter. Tatsächlich entstand die Handwerkerstraße zu dieser Zeit, wurde aber im Zweiten Weltkrieg stark beschädigt. Mit viel Liebe zum Detail sind die reizvollen Häuschen in den 1970er-Jahren restauriert worden. Architekturteile aus früheren Zeiten wurden behutsam integriert und auch der geschwungene Straßenverlauf beibehalten. Wer vom Münster her durch die Konviktstraße spaziert, dem öffnet sich dadurch auch heute noch der wunderbare Blick auf das historische Schwabentor am Ende des Gässleins. Unterwegs bleibt der Blick aber immer wieder an den Schaufenstern der kleinen Läden hängen. Bei Lila Lorena locken schmeichelnde Kleider und Shirts ins Innere. Designerin Lorena Weber präsentiert hier die Mode des eigenen Labels – aus fair produzierten Stoffen handgefertigt –, dazu tolle Accessoires und Hübsches für zu Hause. Feines für zu Hause findet man auch bei SiRiPiRi in der Hausnummer 53. Vintage-Möbel von den Antikmärkten der Provence ergänzen sich hier mit dem minimalistischen Wohndesign Skandinaviens. Und das hat ganz viel Charme. Wenige Schritte weiter lohnt sich ein Stopp bei Collage. Die Inhaber versammeln in ihrem kleinen Laden schöne Dinge mit Sinn: ausgefallene Wohnaccessoires, Porzellanwaren in zeitlos klarem Design, Schönes für Kinder. Und hier erhält man richtig ausgefallene Freiburg-Mitbringsel – die dreidimensionale Freiburg-Karte etwa oder das Stadtlicht: ein kleines Lämpchen bestehend aus Metallkontur und Papierschirmchen, das Freiburg stimmungsvoll zum Leuchten bringt.

TIPP

Ein Lichtblick: das gleichnamige Restaurant in der Konviktstraße.

- Konviktstraße, 79098 Freiburg
- ÖPNV: Straßenbahnlinie 1, Haltestelle Oberlinden

Engler's Weinkrügle

In guter Gesellschaft

4 Radfahren in Freiburg

Freiburg und Fahrradfahren – das gehört zusammen wie Sommer und Sonne, wie Romeo und Julia. Radeln in dieser Stadt ist zum einen Ausdruck des ausgeprägten Umweltbewusstseins, zum anderen das günstigste und fast immer schnellste Verkehrsmittel. Und es ist ein Lebensgefühl. Schon die Kleinsten lernen es kennen – als Mitfahrer im Anhänger, auf dem Kindersitz oder vorne im Kasten eines Lastenfahrrads. Freiburger transportieren so ziemlich alles auf dem Rad – ihre alltäglichen Einkäufe, kleinere sowie nicht ganz so kleine Möbelstücke und im Advent sogar den Tannenbaum. Kein Wunder also, dass sich die Stadt für Fahrradfahrer engagiert. Der Ausbau von Radwegen ist ein wichtiges Thema, quer durch die Stadt führt – entlang der Dreisam – eine Radvorrangroute, auch Radautobahn genannt. Auf dieser Strecke sind viele Pendler oder Sportradler ganz schön flott unterwegs. Deshalb: aufgepasst! Gemütlicher geht es auf den unzähligen Radwegen in der Stadt zu. Und es gibt sogar (mehr und mehr) Fahrradstraßen, auf denen die Radler nebeneinanderfahren dürfen und Autos allenfalls geduldet werden. Das städtische Radverkehrsnetz umfasst ganze 470 Kilometer. Eigens für die Radler gibt es sogar eine Brücke. Sie ist blau, nach Freiburgs nicaraguanischer Partnerstadt Wiwilí benannt, und verbindet – parallel zur Stadtbahnbrücke – den Stadtteil Stühlinger mit der Innenstadt. Am Fuß derselben befindet sich seit 2012 eine Radler-Zählstelle. Durchschnittlich 10.500 Radler passieren die Brücke täglich, an Spitzentagen sogar 18.000. Gelegentlich, wenn wieder ein Rekord geknackt wurde, spendiert die Stadt an dieser Stelle kostenlose Fahrradchecks.

TIPP
Schöne Tour: Vom Dietenbachsee über den Mundenhofer Steg entlang des Rieselfelds bis zum Mundenhof.

In fast allen Stadtteilen gibt es Fahrradwerkstätten, die Stadtverwaltung hat eine Scherben-Hotline eingerichtet, um platte Reifen zu verhindern. Besucher können sich bei zahlreichen Anbietern und zu unterschiedlichen Konditionen ein Rad ausleihen – für eine Stadttour, den ganzen Tag oder den kompletten Freiburg-Aufenthalt.

● Eine Übersicht der Freiburger Radwege gibt es im Fahrradstadtplan, der im Rathaus, in Buchhandlungen sowie Fahrradläden für 2,50 Euro erhältlich ist.

Einfach atemberaubend

5 Sonnenuntergang auf dem Schlossberg

Mit jeder Stufe, jedem Schritt wird der Blick weiter und das Herz leichter. Immer wieder muss man sich umdrehen und die Aussicht genießen. Wieder ein paar Stufen. Anhalten. Innehalten. Staunen. Was ist diese Stadt doch wunderschön! Noch weiter hoch. Noch mehr Glücksgefühle. Wer schon auf der ersten Plattform des Schlossbergs erschöpft ist, kann sich im Greiffeneggschlössle vorzüglich stärken und von der Terrasse aus den unvergleichlichen Blick auf das Schwabentor genießen. Ein kleines Stück höher liegt der einladende Biergarten, der seinen Namen den stattlichen Bäumen verdankt: Kastaniengarten. Nicht nur Studenten schätzen die hier herrschende heiter-entspannte Stimmung. Immer noch Kraft in den Beinen? Dann geht's weiter hoch, bis zum Kanonenplatz. Dort gibt es zwar keine Gastronomie, aber eine Sicht auf die Stadt, die ihresgleichen sucht – erst recht, wenn die blaue Stunde einen atemberaubenden Sonnenuntergang ablöst. Die Freiburger lassen hier gerne den Tag ausklingen und den Blick über die Ausläufer des Schwarzwalds bis zu den Vogesen, über die Dächer der Häuserreihen und ihr einzigartiges Münster schweifen. Zu allen Tages- und Jahreszeiten sind hier oben passionierte und professionelle Fotografen zugange. Ihnen geht es wie vielen Besuchern: Sie können sich einfach nicht sattsehen an diesem faszinierenden Panorama.

TIPP

Wer nicht gut zu Fuß ist, fährt mit der Schlossbergbahn vom Stadtgarten bis zum Restaurant Dattler.

Auf die ganz Fitten wartet weiter oben auf dem Bergrücken der gut 33 Meter hohe Schlossbergturm mit drei Aussichtsplattformen. Die meisten verweilen aber doch lieber auf dem Kanonenplatz. Hier treffen sich an lauen Sommerabenden Freunde und Familien, Hippe und Hippies, Pensionäre und Pärchen. So manche Besucher aus dem Freiburger Umland lassen es sich nicht nehmen, nach einer ausgedehnten Shoppingtour, bepackt mit zig Taschen und Tüten, den Schlossberg zu erklimmen. Dort verfolgen sie das abendliche Naturschauspiel, baden in den letzten Sonnenstrahlen – und bedauern, nicht öfter hier zu sein.

- Schlossberg, Am Schlossberg 3, 79104 Freiburg
- ÖPNV: Straßenbahnlinie 1, Haltestelle Schwabentorbrücke

Namaste!

6 Das Indian Curryhouse

Das Glück schmeckt nach Koriander, Kardamom und Kreuzkümmel. Nach Ingwer, Zimt und Chili. Es schmeckt exotisch. Im Indian Curryhouse teilt Ahmad Tanveer, gemeinsam mit seiner Frau Sarah, die kulinarischen Schätze seiner Heimat Indien mit den Gästen. An erster Stelle stehen die Gewürze. Die richtige Auswahl, Kombination und Dosierung sind entscheidend für das Geschmackserlebnis. Ahmad Tanveer mahlt und mischt deshalb alle Gewürze selbst und steht persönlich am Herd. Für seine Gäste zaubert er die traditionelle, im Tontopf zubereitete Spezialität Handi, oder im Lehmofen gebackene Tandoori-Gerichte. Zur Auswahl stehen in Kichererbsenteig frittiertes Gemüse mit dem Namen Pakora, verschiedene Currys und Lamm- sowie Fischgerichte. Allen, die sich nicht entscheiden können, sei Thali empfohlen: verschiedene Gerichte in kleinen Schälchen auf einem runden Tablett, die mit Reis, dem Linsenbrot Papadam, Fladenbrot, Salat und einem kleinen Nachtisch gereicht werden. Viele Gerichte im Indian Curryhouse sind übrigens vegetarisch. Den Schärfegrad bestimmen die Gäste selbst. Auch Allergiker werden satt: Geschmacksverstärker und Konservierungsstoffe sind für den Koch ohnehin tabu, und auf Wunsch bereitet er die Gerichte laktose-, fruktose- sowie glutenfrei oder vegan zu.

Alkohol gibt's im Curryhouse übrigens nicht – weil dieser die ayurvedische Wirkung von Gewürzen und Kräutern beeinträchtigt. Aber köstlicher Lassi darf natürlich nicht fehlen. Zum Abschied reichen die Tanveers getrocknete Granatapfelschalen mit Anis, Fenchel, Königskümmel und Zuckerdrops. Das regt die Verdauung an – und schmeckt lecker!

Ein Erlebnis ist der Besuch des Curryhouse nicht nur geschmacklich. Auch das Ambiente besticht: Warme Rot- und Goldtöne, viel Holz, Deko-Elefanten und Pailletten dominieren das Restaurant. Besonders gemütlich ist eine erhöhte Sitzecke, in der die Gäste an niedrigen, bunten Tischen im Schneidersitz speisen.

- Indian Curryhouse, Guntramstraße 22, 79106 Freiburg
  www.curryhouse-freiburg.de
- ÖPNV: Straßenbahnlinien 1, 2, 3 und 4, Haltestelle Hauptbahnhof

Schwungvoll übers Wasser

7

Die Dreisamschaukel

Schaukeln ist nur was für Kinder? Ganz und gar nicht. Wer einmal die Dreisamschaukel erklettert hat, will es unbedingt immer wieder tun. So idyllisch schaukelt es sich nirgendwo sonst. So schwungvoll genießt man die Dreisam nirgendwo sonst. Und kinderleicht ist es übrigens nicht, die Schaukel zu erklimmen – und in Schwung zu bringen. Erst einmal heißt es: Schuhe aus und rein ins flache Flusswasser. Aber Vorsicht, Rutschgefahr! Wer diese Hürde genommen hat, kann sich nun – mehr oder weniger elegant – auf den Sitz der Schaukel hinaufziehen. Und weil die Seile, an denen das Schaukelbrett hängt, so lang sind, dauert es eine ganze Weile, bis es in Schwung kommt. Dann aber! Dann fühlt man sich an diesem Plätzchen mitten im Stadtzentrum dem Alltag völlig entrückt. Zwar führt rechts und links neben Uferstreifen, Fuß- und Radweg die zweispurige Bundestraße entlang, weil die Dreisam aber stetig vor sich hinplätschert, ist vom Autolärm kaum etwas zu hören. Und dank vieler Bäume ist der Verkehr auch nicht zu sehen. Die Augen erholen sich beim Blick auf das langsame Dahinfließen des Wassers, entdecken hier und da Kunstwerke aus Steinen, die jemand im Flussbett aufgetürmt hat, und schweifen durch das Grün der herabhängenden Zweige.

TIPP
Alljährlich im September wird das Dreisamufer am Mariensteg Bühne für den Uferjazz.

Wer die Dreisamschaukel im Frühling auf- und im Herbst wieder abhängt, das weiß niemand so genau. Jedenfalls ist sie da, sobald es grünt und blüht und man den Weg durchs Wasser nicht mehr wegen kalter Füße scheuen muss. An langen Seilen ist sie oben am Gestänge des Marienstegs befestigt. Das ist eine der hübschen Fußgängerbrücken über die Dreisam, die die Altstadt mit dem Stadtteil Wiehre verbinden. Übrigens: TÜV-geprüft ist diese Schaukel natürlich nicht. Und auch bei Hochwasser sollte man sie meiden. Dann macht die Dreisam ihrem Namen alle Ehre, stammt er doch vom Keltischen „Trisamma" ab, was „die sehr Schnelle" bedeutet.

- Dreisamschaukel, Mariensteg nahe der Marienstraße, 79098 Freiburg
- ÖPNV: Straßenbahnlinien 2 und 3, Haltestelle Johanneskirche, dann an der Dreisam flussaufwärts

Dem Himmel so nah

8

Unter dem Kuppeldach des Planetariums

Die Sterne funkeln. Manche sind strahlend hell und deutlich zu erkennen. Andere erscheinen weit weg und blass, können mehr erahnt als gesehen werden. Einige stehen nah beieinander, bilden kleine Grüppchen, einzelne sind weit umgeben von tiefschwarzer Nacht. Als Orientierungspunkt dient der Mond, der langsam in Richtung Horizont wandert. Eine Stimme aus dem Off erklärt die Sternenbilder und Naturphänomene, führt die Besucher durch diesen Abend im Planetarium Freiburg. Wer sich in den gemütlichen Sesseln unterm Kuppeldach zurücklehnt und nach oben blickt, könnte sich in der Illusion verlieren, wirklich in den echten Sternenhimmel zu blicken – mit dem großen Vorteil, es ziemlich bequem zu haben und keine kalten Füße zu bekommen.

TIPP

Rund um das Planetarium gibt es im Bahnhofsgebäude mehrere Imbisse.

Das Planetarium Freiburg bietet sehr unterschiedliche Vorführungen an, zeigt und erklärt Sternenbilder, nimmt mit auf Reisen durch Zeit und Raum, blickt weit zurück in die Vergangenheit oder voraus in die Zukunft. Und es ermöglicht, faszinierende Naturschauspiele wie beispielsweise Nordlichter zu erleben. Im Planetarium fühlt man sich dem Himmel ganz nah. Und das dürfen auch schon Kinder erleben: ob beim Weltraumabenteuer für Planetenforscher oder Figurentheater unter Sternen. Für Wissbegierige, die sich insbesondere für verschiedene Sternenbilder sowie die Positionen von Sonne, Mond und Planeten interessieren, bietet das Planetarium an jedem ersten Montag im Monat eine Sondervorstellung mit dem Titel „Sternhimmel des Monats" an. Der lässt manchmal sogar Wünsche in Erfüllung gehen – etwa im August, wenn es besonders viele Sternschnuppen regnet.

Die Vorführungen dauern in der Regel etwa eine Stunde. Ein großer Vorteil in heißen Freiburg-Sommern: Der Kuppelsaal ist klimatisiert. Mit seiner Technik gehört das Freiburger Planetarium übrigens zu den modernsten der Welt und vermag es, die Besucher mit gewaltigen und bewegten Bildern an ganz unterschiedliche Orte des Kosmos zu entführen.

- Planetarium Freiburg, Bismarckallee 7g, 79098 Freiburg im Breisgau
  www.planetarium-freiburg.de
- ÖPNV: Straßenbahnlinien 1, 2, 3 und 4, Haltestelle Hauptbahnhof

Soulfood im Blütenmeer

9 Das Blumencafé

Wer ein Stündchen oder zwei im Paradies verbringen möchte, ist im Blumencafé genau richtig. Idyllisch im Grünen, umgeben von den Pflanzen der Baumschule Vonderstraß, lässt es sich herrlich entspannen und genießen. Das liegt nicht nur an den leckeren Törtchen der Freiburger Konditorei Schöpflin und den mit essbaren Blüten verzierten, herzhaften Soulfood-Gerichten, sondern vor allem am Ambiente. Auf jedem Tisch, jeder Ablage, in jeder Nische schmücken Blumen, Kerzen und Dekoelemente den Raum. In den kalten Monaten verströmt der große Kamin inmitten des Cafés wohlige Wärme und Gemütlichkeit, im Sommer ist die großzügige Terrasse einer der allerschönsten Plätze in Freiburg.

Heidi Rammo-Vonderstraß träumte lange davon, einen Ort zu schaffen, an dem sie Floristik und Gastronomie verbinden kann. Was lag da näher, als ein Café inmitten der Baumschule ihrer Brüder zu eröffnen und dadurch zum Erhalt des Großfamilien-Hofs beizutragen? Ein befreundeter Architekt bestärkte sie Ende der 90er-Jahre darin, ihre Pläne zu verwirklichen, und gestaltete das Café nach ihren Vorstellungen und mit viel Liebe zum Detail: Terrakottafliesen, Eisentische, der große Kamin und ganz viel Licht von allen Seiten machen das Blumencafé zu einem einzigartigen Wohlfühlort. Skeptiker konnten sich einst nicht vorstellen, dass ein Lokal ein Stück draußen, ganz am Rande des Stadtteils Lehen, Gäste anzieht. Doch Heidi Rammo-Vonderstraß ließ sich davon nicht beirren und lebte ihren Traum. Zum Glück! Der große Zuspruch gibt ihr recht. Das wunderschöne Café ist zu allen Tages- und Jahreszeiten beliebt – auch bei Gästen mit langen Anfahrtswegen.

Etwa alle zwei Monate dekoriert die Inhaberin ihren Gastraum komplett neu. Und jedes Mal ist alleine schon das Betrachten des farblich perfekt abgestimmten, lichtdurchfluteten und blütengeschmückten Cafés ein Genuss. Wer einmal da war, möchte unbedingt wiederkommen!

TIPP

Wer ein Stückchen Paradies nach Hause nehmen möchte, kann die Dekoration kaufen.

- Blumencafé, Humbergweg 14, 79111 Freiburg, www.blumencafe.de
- ÖPNV: Straßenbahnlinie 1, Endhaltestelle Moosweiher, von dort etwa sieben Minuten Fußweg.

Spaziergang durchs Glück

10 Die Wiehre-Villen und das Holbeinpferd

Manchmal muss man weite Wege auf sich nehmen, um das Glück zu finden. Nicht so beim Spaziergang durch den Freiburger Stadtteil Wiehre, da begegnet man ihm allerorten. Es ist ein Glück fürs Auge: die herrschaftlichen Fassaden der Villen mit den geschwungenen Erkern, den sonnigen Wintergärten, den fein gearbeiteten Stuckelementen. Manche Häuser verstecken sich efeuberankt vor den Blicken der Spaziergänger, andere strecken sich mit ihren Türmchen wie kleine Schlösser empor. In den Gärten blühen im Frühjahr die Magnolien, alte Apfelbäume lassen ihre feinen weißen Blüten durch die Luft tanzen, wie bunte Tupfen verstecken sich Krokus und Primeln im Gras. Hier leben diejenigen, die es sich leisten können. Gemeinsam mit Herdern ist die Wiehre der Freiburger Stadtteil mit den höchsten Immobilienpreisen. Und trotzdem ist die Wiehre ein Quartier, in dem man sich willkommen fühlt: Es gibt tolle Kneipen, feine Restaurants und wunderbare kleine Lädchen. Während man von der Oberwiehre (unbedingt die Zasiusstraße mitnehmen) in die Unterwiehre wandert, erlebt man ein Stück Freiburger Stadt- und Architekturgeschichte. Der wirtschaftliche Aufschwung des Großherzogtums Baden hatte Mitte bis Ende des 19. Jahrhunderts dazu geführt, dass ein Freiburger Großbürgertum entstand. Für diese neu entstandene Bürgerschicht baute man in dem noch jungen Vorort ein Wohnviertel aus herrschaftlichen Stadthäusern und Vorstadtvillen. Und weil die Wiehre vom Krieg weitgehend verschont blieb, bewundert man die Jugendstil-Bauwerke noch heute.

TIPP
Zwischenstopp einlegen im Restaurant Lollo und Pommes mit Trüffelöl probieren.

Unbedingt muss man beim Villen-Gucken einen Abstecher zum Holbeinpferd (an der Ecke Holbeinstraße/Günterstalstraße) machen. Die kleine Betonfigur ist eine Chronistin der Freiburger Stadtgeschichte. Schon seit den 1970er-Jahren wird sie nachts von vielen verschiedenen Gruppen bemalt und beschriftet, beklebt, verziert oder bestrickt. Mal kommt das Pferdchen mit einer politischen Botschaft daher, mal mit einem Bekenntnis zur Toleranz, mal einfach mit einer Liebeserklärung.

- Schöne Route: An der Maria-Hilf-Kirche starten, Zasiusstraße nach Westen nehmen, Günterstalstraße queren, Goethe- und Holbeinstraße führen zum Holbeinpferd
- ÖPNV: Straßenbahnlinie 1, Haltestelle Maria-Hilf-Kirche.

Genuss in leuchtenden Farben

11 Der Münstermarkt

Knallrote Erdbeeren reihen sich an beinahe schwarze Kirschen, die mit dunkelvioletten Brombeeren und sattblauen Heidelbeeren wetteifern. Daneben buhlen leuchtend orangefarbene Karotten, sonnengelbe Paprika, sattgrüne Salatköpfe und lilagestreifte Auberginen um die Gunst der Kunden. Wer auf dem Münstermarkt eigentlich nur ein paar Äpfel und Kartoffeln kaufen wollte, geht so gut wie immer mit einer großen Auswahl verschiedener Obst- und Gemüsesorten und einer großen Portion Vorfreude auf die Leckereien nach Hause. Ja, auch die eingelegten Oliven haben einfach zu verlockend ausgesehen. Ein Baguette dazu darf natürlich nicht fehlen. Und fürs Vesper noch ein gutes Stück Schwarzwälder Schinken? Oder einen Wiesenkräuterkäse? Während des Schlenderns von Stand zu Stand voller erntefrischer Naturalien schleicht sich ein verführerischer Duft in die Nase: die der Münsterwurst. Auf der Nordseite des Münsters tummeln sich neben den Ständen regionaler Obst- und Gemüsebauern mehrere Wurststände. Die „Lange Rote" – eine dünne, rote Bratwurst – gehört für viele zum Marktbesuch wie der Kaffee zum Frühstück. In einer Stadt wie Freiburg darf aber natürlich auch die vegane Alternative nicht fehlen. Deshalb wird auf der Südseite des Münsters Tofuwurst verkauft, die sogar von einem lokalen Hersteller stammt.

TIPP

Solange es keinen Frost gibt, sind regionale Himbeeren zu bekommen – manchmal bis November.

Es gibt viele Dinge, um die Freiburg-Fans die Einheimischen beneiden – und der Münstermarkt steht auf jeden Fall ganz weit oben auf dieser Liste. An Sommersamstagen verwandeln bis zu 80 regionale Anbieter den Münsterplatz in ein kleines kulinarisches Paradies. Dazu kommen weitere Anbieter, bei denen es beispielsweise Holzspielsachen, Keramikarbeiten, exotische Früchte und Gewürze oder italienische Antipasti gibt. Der Münstermarkt – das ist nicht nur eine Ansammlung von Händlern, sondern ein Lebensgefühl. Die Farben, die Düfte, die Atmosphäre und Vielfalt: Da könnte man jeden Tag hingehen. Kann man auch – außer sonntags.

- Münstermarkt, montags bis freitags von 7.30 bis 13.30 Uhr, samstags von 7.30 bis 14 Uhr, Münsterplatz, 79098 Freiburg
- ÖPNV: Straßenbahnlinien 1, 2, 3 und 4, Haltestelle: Bertoldsbrunnen

Kino im Kopf

12

Orso im Konzerthaus

Das ausladende Eingangsportal des imposanten Konzerthauses mit den schlanken Säulen ist festlich beleuchtet. Auch im Innern wirkt alles vornehm und edel: Nobel gekleidete Männer und Frauen schreiten über glänzendes Parkett und schwere Teppiche, um an Stehtischen Sekt zu trinken und bei guten Gesprächen die Vorfreude auszukosten. Die Atmosphäre ist heiter-erwartungsvoll, die Gäste sind gespannt auf die bevorstehenden Stunden. Mindestens zweimal im Jahr gastiert das Ensemble Orso im Freiburger Konzerthaus und zeigt einem großen Publikum, wie gut die Musikstile Rock und Klassik harmonieren. Die Abkürzung Orso steht für Orchestra & Choral Society. Das Orchester hat seinen Ursprung in der nahe gelegenen Ortenau und ist inzwischen in Freiburg zu Hause. Als Wolfgang Roese es 1993 ins Leben rief, studierte er noch. Mit und an ihm ist das Orchester im Laufe der Jahre gewachsen. Heute zählt Orso rund 200 Musiker, darunter 80 Sängerinnen und Sänger. Das Ensemble tritt in ganz unterschiedlichen Besetzungen und gerne auch mal unter freiem Himmel auf. Doch egal wo oder welche oder wie viele Musiker auf der Bühne stehen: Ein Orso-Konzert ist immer ein Erlebnis, das nachhallt. Roese und sein Orchester begeistern mit großer Leidenschaft und Ausdruckskraft. Ihre Spielfreude überträgt sich aufs Publikum. So manche musikalische Reise, zu der die Musikerinnen und Musiker einladen, ist ungewöhnlich, so mancher Abstecher in die E- oder U-Musik bietet dem Publikum etwas Neues, Erfrischendes. Die Klänge beflügeln die Vorstellungskraft der Zuhörer, sorgen für das Kino im Kopf – ganz besonders, aber bei Weitem nicht nur, wenn Filmmusik auf dem Programm steht.
Seit dem Jahr 2008 ist Orso übrigens nicht nur in Freiburg zu Hause, sondern hat auch in Berlin eine Dependance. Die Breisgau-Metropole hat also etwas mit der Bundeshauptstadt gemeinsam: ein Orchester – und was für eins!

TIPP

Im Konzerthaus treten viele großartige Künstler auf, ein Blick ins Jahresprogramm lohnt sich.

● Konzerthaus, Konrad-Adenauer-Platz 1, 79098 Freiburg
www.orso.co
● ÖPNV: Straßenbahnlinien 1, 2, 3 und 4, Haltestelle Hauptbahnhof

Sonntag am See

13 Der Moosweiher in Landwasser

Libellen tanzen über die schimmernde Wasseroberfläche, links zieht eine Entenfamilie vorbei, in der Ferne Kinderlachen. Nur ein paar Schwimmzüge und – wir sind mittendrin im Entspannungsmodus. Und das nur ein paar Meter von den Hochhäusern des Stadtteils Landwasser und von der nächsten Straßenbahnhaltestelle entfernt. Der Moosweiher ist Erholung direkt am Stadtrand. Ob Spaziergänger, Schwimmer, Familien mit Schlauchboot oder Stand-up-Paddler – hier findet jeder sein Stück Natur. Das Schöne: Der Sommertag kann noch so heiß und die Schwimmbäder noch so voll sein – hier ist immer ein ruhiges Plätzchen frei, um eine Decke auszubreiten oder ins kühle Wasser einzutauchen. Am besten, man lässt Minigolfplatz und Pizzeria hinter sich und läuft ein paar Schritte um den Moosweiher herum.

TIPP

Wer mag, bringt einen Grill mit an den See.

Bäume säumen das Ufer, immer wieder findet sich ein sanfter Einstieg in den See. Schwimmer können übrigens nicht nur am lauschigen Ufer ausruhen, sondern finden auch im See ein Plätzchen zur Erholung. In der Mitte des Weihers ist der Wasserstand nämlich so niedrig, dass man dort eine Pause einlegen kann.

Diese Eigenwilligkeit verdankt der Moosweiher seiner Entstehung. Als in den 1960er-Jahren die nahe Autobahn gebaut wurde, entstand er aus einer Kiesgrube. Diese Erhebung im See lädt geradezu dazu ein, mitten im See stehend ein Schwätzchen zu halten und neue Kraft für den Rückweg zu sammeln.

Und wenn sich der Tag am Moosweiher zu Ende neigt, läuft man schnell rüber zu „Persio am See". Ganz Mutige setzen sich in die Pizzeria und bestaunen die Inneneinrichtung, die so gewagt daherkommt, dass sie fast schon wieder gut ist. Alle anderen nehmen den Pizzakarton mit zurück an den Lagerplatz am Ufer und genießen die wirklich leckere Pizza (besonders fein ist Nummer 67 mit Aubergine und Ricotta) mit den Füßen im Wasser baumelnd. Hier ziehen in der Abenddämmerung wieder die Enten vorüber, Frösche quaken und Fledermäuse kreisen zwischen den Bäumen. Ein wirklich idyllisches Fleckchen Freiburg.

- Moosweiher, Elsässer Straße 100, 79110 Freiburg
- ÖPNV: Straßenbahnlinie 1, Endhaltestelle Moosweiher, wenige Minuten Fußweg zum See

Glück auf der Kuchengabel

14

Stefans Käsekuchen

Für Touristen ist dieses Phänomen oft völlig unverständlich: Eine riesige Menschenschlange windet sich auf dem Münstermarkt vor einem Stand mit Käsekuchen – nichts als Käsekuchen. Kann ein Kuchen das wert sein? Stefans Käsekuchen kann! Da mag der Tag noch so trist und die Stimmung noch so mies sein: Dieser Kuchen macht glücklich. Schon sein Anblick ist eine wahre Freude und erst recht sein Geschmack: zarter Mürbteig und eine unbeschreiblich cremige Füllung. Sahnig und trotzdem herrlich frisch. Nicht zu süß und einfach extrem lecker. Puristen wählen die Sorte Klassik. Wer's gehaltvoller mag, nimmt Rosinen-, Mohn- oder Maronenfüllung. Wer fruchtig bevorzugt, greift zu Aprikose, Kirsche oder Mandarine-Orange. Je nach Saison variieren die Sorten. Der Andrang bleibt immer gleich groß.

Für Stefan Linder ist Käsekuchen-Backen eine Passion. „Irgendwann ist es mir wie Schuppen von den Augen gefallen: Jetzt weiß ich, warum ich auf dieser Welt bin – um Käsekuchen zu backen", sagt der Schwarzwälder. Und diese Leidenschaft schmeckt man mit jeder Gabel Käsekuchen.

TIPP

Auch einige Freiburger Cafés servieren den Käsekuchen, zum Beispiel das Schlosscafé.

Zunächst hat Linder ganz klein angefangen: In seiner Restaurantküche tüftelte er nachts an dem Rezept herum, das seine Oma ihm vermacht hat. Er verfeinerte die Rezeptur, entwickelte neue Backtechniken, die seinen Käsekuchen so unsagbar lecker machen. Die Grundzutaten verrät Stefan Linder – cremiger Quark aus dem Schwarzwald, reichlich Sahne, Zucker und ein Hauch Zitrone – nicht aber, wie genau der Kuchen hergestellt wird. Und so wird in Internetforen rauf und runter spekuliert und in Küchen deutschlandweit herumprobiert: Wie schaffen wir es – auch in Niederbayern oder Norderstedt –, diesen Käsekuchen auf den Tisch zu bringen, den wir einmal in Freiburg probiert haben. Ein klein wenig Abhilfe kann Stefan Linder schon schaffen: Inzwischen backt er den Käsekuchen mit seinem Team auch für andere Märkte in Süddeutschland. Für alle Nordlichter gilt: Nach Freiburg fahren lohnt sich. Auch wegen Stefans Käsekuchen, dem vielleicht besten Käsekuchen der Welt.

- Stefans Käsekuchen auf dem Münstermarkt, Münsterplatz, 79098 Freiburg
stefans-kaesekuchen.de
- ÖPNV: Straßenbahnlinien 1, 2, 3 und 4, Haltestelle Bertoldsbrunnen

Über dem Nebel

15 Mit der Seilbahn auf den Schauinsland

Die Stadt liegt in einer dicken Suppe aus Nebel. Der Blick nach oben endet an einer dunkelgrauen Wolkendecke. Man kann sich nicht vorstellen, dass an diesem ungemütlichen Herbsttag überhaupt irgendwo die Sonne scheint. Und doch rafft man sich auf, steigt erst in die Straßenbahn nach Günterstal und dann in die Seilbahn Richtung Schauinsland. Mit der leisen Hoffnung auf ein bisschen Wärme und Licht. Umsonst? Der Nebel hängt in den Bäumen ringsum. Wird es dort oben nicht ein bisschen heller? Ja, es wird! Ganz plötzlich ist der Himmel blau. Tautropfen glitzern auf den Fichten. Und die Seilbahn schwebt im schönsten Sonnenschein bergauf. Die Nebelsuppe ist nur noch eine blasse Erinnerung.

20 Minuten braucht die Seilbahn, um die 750 Höhenmeter von der Talstation bis zu Freiburgs Hausberg zu überwinden. Dort wartet nicht nur ganz oft die Sonne, sondern auch ein umwerfendes Panorama. Weitere 30 Minuten dauert der Aufstieg zum Schauinslandturm. Zugegeben: Die sind nicht mehr so mühelos zu überwinden. Dafür sind die Wanderer auf dem Aussichtsturm dem Himmel noch näher und werden mit einem atemberaubenden Rundumblick belohnt: Von den Gipfeln des Schwarzwalds reicht er über die Rheinebene bis hinunter nach Freiburg – und an klaren Tagen sogar bis in die Schweizer Alpen. Wer noch Kraftreserven übrig hat, kann sich nun auf eine Wandertour begeben. Entlang der Schienen des historischen Silberbergwerks zum Bauernhofmuseum Schniederlihof oder Richtung Süden zum ausgezeichneten Restaurant „Halde“.

Wer lieber gleich die Beine hochlegt, kann das im Café-Restaurant „Die Bergstation“ tun – im Gastraum, im Wintergarten oder im Hängesessel auf der Terrasse. Zu essen gibt es rund um die Uhr: ein kräftiges Bergbüfett zum Frühstück, eine Schwarzwälder Kirschtorte zum Kaffee oder ein Vesperbrettle nach einem tüchtigen Wandertag. Wer so Körper und Seele gestärkt hat, gleitet wieder mit der Seilbahn hinab. Und vielleicht ist die Sonne bis dahin auch im Tal angekommen.

TIPP
Eine kostenlose Wanderkarte für den Schauinsland gibt es an der Talstation.

- Talstation Schauinslandbahn, Bohrerstraße 11, 79289 Horben
www.schauinslandbahn.de
- ÖPNV: Straßenbahnlinie 2, Haltestelle Dorfstraße, dann Buslinie 21 zur Talstation

Architektur pur

16 Unibibliothek und Platz der Alten Synagoge

Sonne flutet den Platz, Kinder springen jauchzend durch die Wasserfontänen, mit einem Eis in der Hand macht man es sich auf dem Holzdeck im Schatten der Bäume gemütlich. Auf dem Platz der Alten Synagoge lässt sich ein Sommerabend ganz herrlich genießen – und das in einem beinahe großstädtischen Flair, wie es für Freiburg eher unüblich ist. Die Umgestaltung des Platzes 2017 hat für hitzige Diskussionen in der Stadt gesorgt. Als Betonwüste und Backofen wurde er beschimpft, weil die früheren Rasenflächen sandfarbenem Granit weichen mussten. Viel Streit gab es auch um den Gedenkbrunnen, der den Grundriss der zerstörten Synagoge in Form eines Wasserspiegels nachbildet und der nicht von allen Besuchern als Ort der Erinnerung und Mahnung wahrgenommen und entsprechend gewürdigt wird.

TIPP

Bibliothek im Miniformat: Gleich nebenan steht eine alte Telefonzelle als öffentlicher Bücherschrank.

Trotz alledem ist der Platz als urbanes Zentrum im Sommer einer der beliebtesten Orte zum Sitzen, Gucken und Flanieren. Im Süden strahlt das altehrwürdige Theater auf den Platz aus. Richtung Westen erheben sich die Universitätsgebäude; besonders prägnant die spektakuläre Unibibliothek – Architektur, die aneckt und begeistert. Die vor- und zurückspringende Fassade lässt manchen an einen schimmernden Diamanten denken. In der gläsernen Außenhaut spiegelt sich die Umgebung immer wieder neu. Besonders gut kann dieses changierende Bild beobachten, wer auf einer der geschwungenen Betonliegen vor dem Café Libresso Platz nimmt.

Die Unibibliothek – eine der größten wissenschaftlichen Bibliotheken Europas – ist im Übrigen nicht allein den Studentinnen und Studenten vorbehalten. Auch alle anderen dürfen hinein; zum Lesen und Lernen oder um die funktionale Architektur zu begutachten, sich in die eigens entwickelten Loungemöbel zu lümmeln und die Schwanenhals-Leselampen zu bewundern. Von weiter oben bietet sich durch die Fensterfront wieder ein anderer Blick auf Stadt und Platz: Und ein Perspektivwechsel lohnt schließlich immer!

- Platz der Alten Synagoge, Bertoldstraße 30, 79098 Freiburg
- ÖPNV: Straßenbahnlinien 1, 2, 3, 4 und 5, Haltestelle Stadttheater

Ein echtes Schatzkästchen

17

Das E-WERK – Ort der vielen Künste

Einst standen in der mächtigen Halle die Hochöfen zur Stromerzeugung, heute haben bildende Künstler hier ihre riesigen lichtdurchfluteten Ateliers. Erbaut an der Schwelle zum 20. Jahrhundert, war das Elektrizitätswerk einst reiner Zweckbau. Trotzdem besticht das Gebäude noch heute durch seine unverkennbaren Jugendstil-Elemente: geschwungene Linien, sich wiederholende Formen, bogenförmige Fenster – schon allein die Architektur lässt die weite hohe Halle lebendig werden. Und die Künstler tun es erst recht: Hier wird gehämmert und gesägt, geschweißt und geklebt. Das ist das Einzigartige an diesem Ort der Kultur: Er lebt. In der Halle schuften die Künstler, in den Katakomben lernen die Theaterschüler, in der Restaurantküche kocht eine internationale Truppe – und am Abend strömen die Gäste.

TIPP

Das E-WERK beherbergt auch das kleine, feine Restaurant „Fluxus".

Es ist diese Vielfalt, die das E-WERK zu einem großen Glücksfall macht. Die Vielfalt der Künste: Hier finden Theater und Tanz, Musik und Kunst nahezu unendlich viel Raum, sich zu entfalten. Die Vielfalt der Menschen, die hier an einem Ort zusammenkommen: professionelle Künstler und Laien, Freiburger und Menschen aus aller Welt, Menschen mit und ohne Handicap. Das ehemalige Elektrizitätswerk beherbergt heute ein Musiktheater, drei Schauspielschulen, 27 Künstlerateliers, zwei Galerien und natürlich den großen Saal sowie das Kammertheater, in denen international bekannte Künstler auftreten, die aber immer wieder auch für kleine Bands und junge Talente geöffnet werden – um ihnen einmal die ganz große Bühne zu bieten.

Lange war der ehemalige Industriebau leer gestanden – bis in den 1980er-Jahren die junge alternative Kulturszene hier einzog und sich das E-WERK schließlich als dauerhaften Freiraum erkämpfte. „Kunst für alle" war damals das Schlagwort – und daran hat sich auch bis heute nichts geändert: Nicht nur Hochkultur soll hier ein Zuhause haben, sondern Kunst und Kultur, die allen zugänglich ist und die das soziokulturelle Zentrum im Stadtteil Stühlinger zu einem echten Schatzkästchen machen.

- E-WERK, Eschholzstraße 77, 79106 Freiburg
  www.ewerk-freiburg.de
- ÖPNV: Straßenbahnlinien 1, 2, 3 und 4, Haltestelle Eschholzstraße, 5 Minuten Fußweg

Mehr als ein Tiergarten

18 Willkommen auf dem Mundenhof

Freiburg braucht keinen Zoo. Freiburg hat den Mundenhof. Kein anderes Tiergehege in Baden-Württemberg ist so groß wie das 38 Hektar umfassende Naherholungsgebiet der Freiburger. Und vermutlich ist auch kein anderes so einladend und sehenswert. In den großzügigen Koppeln und den ausladenden Wiesen leben nicht nur heimische Tierarten wie Rehe und Ziegen, sondern auch jede Menge exotische: ostafrikanische Watussirinder zum Beispiel, asiatische Trampeltiere oder südamerikanische Nandus. Besonders beliebt sind außerdem die stolzen Pfauen, die gerne ihre Feder- und Farbenpracht zur Schau stellen und es sichtlich genießen, von den Besuchern bewundert zu werden. Auf dem Mundenhof steht außerdem ein ehemaliger Pferdestall, den ein Freiburger Verein zum Aquarienhaus umgebaut hat. Darin befinden sich sieben Süß- und fünf Meerwasseraquarien, in denen unzählige, in allen Farben schillernde und schimmernde Wasserbewohner zu Hause sind. Nicht nur ihnen könnte man stundenlang zuschauen, sondern auch den flinken Gibbons, die Fangen spielen, oder den quirligen Erdmännchen, die jedes Mal aufs Neue faszinieren. Zu verzückten „Ahs" und „Ohs" werden die Besucher regelmäßig im Frühjahr verleitet, wenn viele Tierarten Nachwuchs bekommen: Baby-Wollschweine oder Mini-Zicklein sind nämlich ganz besonders goldig.

TIPP
Unter der Woche ist der Andrang nicht so groß!

Zwischen den einzelnen Koppeln und Gehegen gibt es weitläufige Wiesen, die zum Picknicken einladen, und einen Bambusgarten samt Pavillon, den Freiburgs japanische Partnerstadt Matsuyama gestiftet hat. Die Hofwirtschaft mit dem riesigen Biergarten, drei über das Gelände verteilte Spielplätze und mehrere übers Jahr verteilte Aktions- und Mitmachtage runden das Angebot ab. All das finanziert übrigens die Stadt Freiburg, der Mundenhof kostet keinen Eintritt. Lediglich fürs Parken werden fünf Euro verlangt. Echte Freiburger kommen ohnehin mit dem Fahrrad, führt doch ein wunderschöner Radweg am Stadtteil Rieselfeld vorbei zum Mundenhof hinaus.

- Tier-Natur-Erlebnispark Mundenhof, Mundenhof 37, 79111 Freiburg
www.mundenhof.de
- ÖPNV: Buslinie 19, Haltestelle Mundenhof

Insel im Alltag

19 Das Münster

Um den manchmal anstrengenden, oft hektischen und meist lauten Alltag für eine Weile hinter sich zu lassen, müssen Besucher von der belebten Kajo, Freiburgs Haupteinkaufsstraße, nur wenige Meter weit gehen: ins Freiburger Münster. Wer eintaucht in die besondere Atmosphäre dieses Gotteshauses im Herzen der Stadt, kann neue Kraft tanken. Wer die Kühle und Stille auf sich wirken lässt, kann durchatmen. Wer eine Kerze anzündet, kann Hoffnung schöpfen. Wer die Kraft aufbringt, die 265 Stufen bis zum Turmplateau zu erklimmen, kann Abstand gewinnen.

Deshalb ist es kaum verwunderlich, dass Freiburgs Münster so eine enorme Anziehungskraft ausübt. Das 116 Meter hohe Wahrzeichen der Stadt wird immer wieder als schönster Turm der Christenheit gewürdigt. Die Freiburger sind stolz auf dieses Meisterwerk der Gotik, das nach rund 300-jähriger Bauzeit im Jahr 1517 vollendet worden ist. Um die Kirche mit ihren Kapellen, vier Orgeln, etlichen Altären und Kunstwerken zu erhalten, zeigen sich viele Einheimische spendenbereit. Für die Freiburger ist das Münster ein starkes Symbol der Hoffnung, hat es doch mehrere Kriege ohne allzu gravierende Schäden überdauert. Gerettet werden konnten auch die kostbaren und farbenprächtigen Glasmalereien, weil Freiburger die Fenster rechtzeitig ausbauen und in Sicherheit bringen konnten. Mit ihren filigranen Motiven und dem stimmungsvollen Lichteinfall faszinieren sie die Besucher noch heute. Auch von außen beeindruckt das Münster Freiburgs Bewohner und Besucher gleichermaßen. Sie freuen sich, einen Blick auf den Turm zu gewinnen, wenn sie auf der Karstadt-Terrasse ausruhen, im Uni-Innenhof büffeln oder auf den Schlossberg spazieren. Wer die Perspektive wechseln und seinen Blick in die Ferne schweifen lassen möchte, sollte durch den auf der Südseite gelegenen Turmaufgang nach oben steigen. Wie sich die Besucher hier fühlen? Es wird, was sonst groß und wichtig erscheint, plötzlich nichtig und klein.

TIPP

Regelmäßig finden Orgelkonzerte im Münster statt, beispielweise samstags zur Marktzeit.

- Münster „Unserer lieben Frau", Münsterplatz, 79098 Freiburg im Breisgau, Infos zu Führungen gibt's unter www.c-punkt-freiburg.de
- ÖPNV: Straßenbahnlinien 1, 2, 3 und 4, Haltestelle Bertoldsbrunnen

Innehalten am Tempelchen

20 Morgenstimmung im Seepark

Es gab eine Zeit, in der sich kaum jemand vorstellen konnte, dass der Flückigersee und seine Ufer einmal ein Erholungsort werden: Bagger gruben ihre Zinken in den Boden, Kies wurde gefördert. Dann kam die Landesgartenschau 1986: Aus dem einstigen Baggersee wurde ein Biotop, aus den Ufern ein Park: der Seepark. Heute treffen sich hier die Freiburger zum Spazieren und Flanieren, zum Grillen und Chillen. Kinder flitzen über die sanften Hügel, Jogger drehen ihre Runden, Schwimmer ziehen ihre Bahnen.

Am schönsten ist es am frühen Morgen am See. Wenn die letzten Nebelschwaden über die Wasseroberfläche ziehen. Wenn die Sonne die ersten Strahlen über den Schwarzwald schickt. Wenn man sich ein wenig Zeit zum Innehalten auf einer Bank am Tempelchen nimmt. Eine Entenfamilie steigt vielleicht aus dem Wasser, um auf der großen Wiese nach Nahrung zu suchen, Schwäne tauchen aus dem Nebel auf.

Wer ein wenig Zeit mitgebracht hat, macht sich auf eine Runde um den See. Am schattigen Südufer geht es entlang, dann die Treppe hinauf und hinein in die Kastanienallee, deren Bäume sich über dem Weg schließen und den Blick nach vorn lenken auf den Rosengarten. Auch hier laden einige Bänkchen zum Verweilen unter den duftenden Rosen ein. Dann spaziert man zurück an – und über den See. Wer einen Blick von der Brücke nach unten wirft, kann die Schildkröten beobachten, die hier auf den Seerosenblättern ausruhen und Sonne tanken. An den Liebesschlössern vorbei, die dicht an dicht am Brückengeländer hängen, schlendert man hinüber ans andere Ufer. Am kleinen Weinberg führen die Stufen zum Seeparkturm hinauf. Wer sich zum Aufstieg aufrafft, wird mit einem herrlichen Rundumblick belohnt. Und wer noch mehr Belohnung möchte, wandert wieder zurück zum Westufer und genießt im Restaurant Lago die Spinat-Ricotta-Ravioli in Butter geschwenkt und den herrlichen Seeblick.

TIPP

Auch ein Ort der Ruhe und des Glücks: Direkt hinter dem Restaurant liegt der Japanische Garten.

- Seepark, Restaurant Lago, Gerhart-Hauptmann-Straße 1, 79110 Freiburg www.lago.de
- ÖPNV: Straßenbahnlinie 1, Haltestelle Betzenhauser Torplatz, drei Minuten Fußweg zum See

Hach, die gute alte Zeit!

21 Einkaufen im Tischlein deck dich

Zwei Stufen liegen zwischen der Gegenwart und der guten alten Zeit. Wer das „Tischlein deck dich“ an der Belfortstraße betritt, wähnt sich in den 1950er-Jahren und ist sofort verliebt in dieses Kleinod. Im Laden mit Café gibt es auf 40 Quadratmetern alles für den täglichen Bedarf: Gemüse und Obst, Gebäck und Kekse, Käse und regionale Milchprodukte, selbst gerührte Marmelade, Imkerhonig und Wurst aus der Landmetzgerei. Außerdem verschiedene Drogerieartikel, Postkarten, Schreibwaren und kleine Geschenkartikel. Das alleine wäre wohl kaum erwähnenswert, aber das historische Interieur und die liebevolle Dekoration machen aus dem Tischlein deck dich ein echtes Schmuckstück. Spitzendeckchen, geblümte Vorhänge und nostalgische Emaillewerbeschilder strahlen Gemütlichkeit aus. Die stuckverzierte Theke aus den 1920er-Jahren, eine analoge Waage und die antike Registrierkasse erinnern an längst vergangene Zeiten. Solche, in denen Monika Großmann als kleines Mädchen im Laden ihrer Großmutter und Mutter stand und Bonbons aus den Schraubgläsern stibitzte. Das Aufkommen großer Supermärkte verdrängte den kleinen Laden von Großmanns Mutter in den 1960er-Jahren. Das Mobiliar lagerte die Freiburgerin jahrzehntelang im Keller unter dem Laden – und war immer wieder drauf und dran, es zu entsorgen. Wofür sollte es noch gut sein, fragte sie sich. Und träumte doch heimlich davon, den Laden wieder zu eröffnen. Gemeinsam mit ihrer Tochter Nikola Hipp wagte sie den Schritt in die Selbstständigkeit 2015 – und erfreut seither das ganze Viertel. Zu den Stammkunden gehören nicht nur viele Bewohner des Viertels, sondern auch Studenten und Mitarbeiter der nahe gelegenen Universitätsbibliothek. Manche kommen, um einzukaufen; andere, um hier ihren Kaffee zu trinken und das original-französische Gebäck oder einen von Monika Großmanns selbst gebackenen Kuchen zu kosten – und um in Erinnerungen zu schwelgen.

TIPP

Noch einmal Kind sein und für ein paar Cent die Bonbontüte füllen – herrlich!

- Tischlein deck dich, Belfortstraße 26, 79098 Freiburg
- ÖPNV: Straßenbahnlinien 1, 2, 3, 4 und 5, Haltestelle Stadttheater

Geschichte zum Anfassen

22 Das Archäologische Museum im Colombischlössle

Man kann sich richtig vorstellen, wie die einstige Besitzerin ihr imposantes Treppenhaus beschritt: Gräfin Maria Antonia Gertrudis de Colombi y de Bode ließ sich die Villa 1859 als Witwensitz erbauen. Vorbild war der gotische Tudorstil des englischen Mittelalters. So kommt das Colombischlössle noch heute mit den typischen Tudorbögen, Türmchen und eben dem üppigen Treppenhaus daher: Das verzierte Geländer lenkt den Blick nach oben zu verspielten Fenstern und der hellen Glaskuppel.

Heute beherbergt das Museum viele weitere Schätze. Das Archäologische Museum präsentiert in der denkmalgeschützten Villa regionale Funde von der Steinzeit bis ins Mittelalter. Und da sind wahre Kostbarkeiten dabei. Die älteste nördlich der Alpen gefundene Glasschale etwa. Da im fünften Jahrhundert vor Christus hierzulande die Glasherstellung noch unbekannt war, ist die Schale ein Beweis dafür, dass die hier ansässigen Kelten Beziehungen bis ins ferne Persien unterhielten. Umso aufschlussreicher, da die einstigen Oberrheinbewohner keine Schriftstücke hinterlassen haben und damit der Archäologie noch immer Rätsel aufgeben. Das Prunkgrab von Kappel am Rhein verrät, wie wohlhabend die Oberschicht zu jener Zeit lebte: Ein bronzener Halsring – einst glänzte er golden – schmückt den Hals des Verstorbenen, viele weitere Grabbeigaben zeigen seinen Reichtum. Geradlinig und schlicht setzt das Museum die Objekte in Szene und lässt die Vergangenheit auferstehen. Man ertastet an den vielen Hands-on-Stationen messerscharfe Werkzeuge aus der Steinzeit, schlüpft in ein Keltengewand oder bedient einen römischen Wasserhahn. Geschichte zum Anfassen.

Neben der frisch aufbereiteten Dauerausstellung locken immer wieder spannende Sonderausstellungen in die alte Villa: „Ich Mann. Du Frau" räumte dank urzeitlichen Funden mit Geschlechterklischees auf. Eine Armee aus 5000 Playmobil-Männchen machte die Größe einer römischen Legion deutlich. Man darf gespannt sein, was sich das Museumsteam in Zukunft einfallen lässt.

TIPP
Gegenüber dem Schlössle liegt das Colombi-Hotel, eine Luxusherberge mit Sterneküche.

- Colombischlössle, Rotteckring 5, 79098 Freiburg
  www.freiburg.de/museen
- ÖPNV: Straßenbahnlinie 5, Haltestellen Fahnenbergplatz oder Stadttheater

Erholung für alle Sinne

23 Am Dorfbach in Haslach

Im Winter, wenn das Wasser unter einer dünnen Eisschicht vor sich hinmurmelt. Im Frühjahr, wenn sich die Schneeglöckchen weiß vom braunen Boden abheben und die ersten Narzissen ihre Knospen der Sonne zuwenden. Im Frühsommer, wenn rund um das Bachbett Margeriten und Mohnblumen blühen. Oder im Hochsommer, wenn man sich in den Schatten der Bäume zurückzieht und die Füße im frischen Bachwasser kühlt. Der Dorfbach in Haslach lädt zu jeder Jahreszeit zum Spazieren und Verweilen ein. Mit seinem mäandernden Lauf, den Weiden, deren Zweige die Wasseroberfläche streicheln, den Findlingen am Ufer und den Baumstämmen, die das Bachbett queren, ist er ein herrlicher Abenteuerspielplatz für Kinder.

Doch auch die Großen genießen es, hier, mitten im Stadtteil Haslach, ein Stück Natur zu finden. Viele Jahre verlief der Dorfbach schnurgerade im schmalen Bett. Überschwemmungen waren die Folge. Dann gab die Stadt dem Bächlein seinen Raum zurück und den Anwohnern einen Ort zum Wohlfühlen: Pärchen sitzen auf den Bänken am Bach, Familien picknicken am flachen Ufer, Kinder planschen im Bachlauf.

TIPP

Auch einen Besuch wert: Nicht weit vom Dorfbach erstreckt sich die denkmalgeschützte Haslacher Gartenstadt.

Wer sich gern etwas mehr Bewegung verschaffen mag, kann entlang des Dorfbachs immer weiter flussabwärts radeln oder laufen. Nachdem man die Bahnlinie überquert hat, erreicht man im Stadtteil Weingarten einen parkähnlichen Bereich am Bach mit Spielplätzen, Gemeinschaftsgarten und schönen Wiesen. Kurz darauf ändert das Bächlein seinen Namen – es nennt sich fortan Dietenbach – und zieht sich durch den Dietenbachpark, eine große Grünfläche mit Badesee, Spazier- und Radwegen, Skatepark und Abenteuerspielplatz. Neben den belebteren Bereichen rund um See und Spielplatz findet man auch im Park ruhige Örtchen: eine Streuobstwiese, über die in der Dämmerung die Kaninchen hoppeln, wunderbare Heckenrosen und natürlich die lauschigen Plätzchen am Bach, der zwar seinen Namen geändert, aber nicht seine Anziehungskraft verloren hat.

- Dorfbach Haslach zwischen Eschholzstraße und Markgrafenstraße, 79115 Freiburg
- ÖPNV: Straßenbahnlinie 5, Haltestelle Haslach Bad, am Schwimmbad vorbei geht es zum Bach

Abend mit Erfrischung

24 Der Feierling-Biergarten

Wie eine Oase im Stadtgewimmel liegt der Feierling-Biergarten hinter seiner steinernen Mauer, schmiegt sich rückwärtig an die hohen Wände des Augustiner-Museums, versteckt sich unter dem Blätterdach der Kastanienbäume. Aber auch drinnen ist ordentlich was los. Zentral gelegen zwischen Augustinerplatz, Schwabentor und Fischerau ist der Biergarten ein herrlicher Ort, um nach einem Arbeitstag runterzukommen oder nach einem ausgiebigen Stadtbummel auszuruhen. Die hohen Bäume betören im Frühjahr mit ihren wunderbaren Blüten, im Sommer sorgen sie dafür, dass es im Biergarten lauschig kühl bleibt. Und natürlich tut das frisch gezapfte Inselhopf sein Übriges. Zum Bier gibt es Schnittlauchbrot oder Wurstsalat, Obatzda oder Weißwürste. Das naturtrübe Bier wird übrigens direkt gegenüber in den großen Kupferkesseln der Hausbrauerei gebraut – aus rein biologischen Zutaten. Lange Transportwege und Lagerung sind komplett überflüssig. Das Bier fließt vom Gärtank in den Ausschank – unter der Straße verläuft die Leitung auch zu den Zapfhähnen des Biergartens.

TIPP

Im Winter brauen Feierlings ein dunkles Vollbier namens Bruno, im Herbst gibt es das Starkbier Brunhilde.

Martina Feierling-Rombach hat sich mit ihrer Brauerei einen Traum erfüllt. Schon ihr Urgroßvater hatte eine solche 1877 an Ort und Stelle gegründet. Damals konnte das Bier aus den eigenen Quellen unter der Stadt gebraut werden. Hundert Jahre lief das Geschäft, dann wurde es immer schwieriger, die Lage in der Innenstadt für den Lieferverkehr immer ungünstiger. 1981 bedeutete das Ende für die Brauerei Feierling. Doch Martina Feierling-Rombach träumte den Traum weiter – und eröffnete 1989 gemeinsam mit ihrem Mann die Hausbrauerei, die nur das produziert, was im eigenen Haus und Biergarten getrunken wird. Und dieser Traum wurde zur Erfolgsgeschichte, seither brummt das Geschäft in den rustikalen Gasträumen rund um die Braukessel, in der etwas ruhigeren „Insel" auf der anderen Seite des Gewerbekanals und im traditionsreichen Biergarten, der von März bis in den Spätherbst die Tore öffnet.

- Biergarten Feierling, Gerberau 46, 79098 Freiburg
  www.feierling.de
- ÖPNV: Straßenbahnlinie 1, Haltestelle: Oberlinden

Kraft tanken als Künstler

25 Malen bei den Artnights

Gut zwei Dutzend weiße Leinwände auf kleinen Metallstaffeln reihen sich auf den Tischen im Mauritius Beach Restaurant aneinander. Normalerweise werden am frühen Abend hier süße Cocktails, herzhafte Sandwiches und knackige Salate serviert. Doch heute gibt es Pinsel statt Besteck. Die Servietten dienen zum Abwischen überschüssiger Farbe. Und was mit Ketchup, Mayo und Guacamole verwechselt werden könnte, sind rote, weiße und grüne Acrylfarbklekse. Es ist nicht zu übersehen: Die Artnights machen an diesem Abend Station im Mauritius. Hobbykünstler mit und ohne Erfahrung können bei dieser Aktion unter professioneller Anleitung und in netter Gesellschaft malen. Die Materialien werden gestellt, das Motiv ist vorgegeben, alle malen dasselbe – und doch ist am Ende des Abends jedes Kunstwerk einzigartig – und es darf mit nach Hause genommen werden.

Heute steht ein Thema mit Lokalkolorit auf dem Programm: Gemalt wird die Schwarzwaldmarie mit dem bekannten roten Bollenhut. Die quirlige Künstlerin Ti-Fanny Trat Quan gibt praktische Tipps, erklärt die einzelnen Schritte, zeigt, wie man Lichtreflexe hinbekommt und mit welcher Technik die Augen der Marie lebendig wirken. Wie gut die Teilnehmer – vor allem Frauen aller Altersgruppen – ihre Ratschläge umsetzen können, hängt von deren Erfahrung und Geschick ab. Erstaunlicherweise schaffen aber selbst frischgebackene Künstlerinnen und Künstler, die nie zuvor einen Pinsel in der Hand gehalten haben, hübsche Bilder und sind am Ende überrascht, wie viel Spaß es machen kann, sich selbst an einem Kunstwerk zu versuchen.

Nach drei Stunden sind fast alle Bilder fertig und deren Schöpfer(innen) beseelt. Beim gemeinsamen Malen wird viel gelacht, und es entspinnen sich nette Gespräche. Mit der einen oder anderen neuen Kunst-Freundin bucht man gleich die nächste Artnight-Veranstaltung: Wie wär's mit der Skyline von Freiburg in Acryl? Einem Kirschblütenbild? Abstrakten Farbspielen?

TIPP

Fast ebenso kunstvoll wie die Bilder und super lecker: die bunten Bowls im Mauritius.

● Artnights an wechselnden Orten in Freiburg
www.artnight.com/freiburg

Grün, grün, grün

26 Der Vorzeigestadtteil Vauban

Im Vauban ist Freiburg noch ein bisschen grüner als überall sonst. Hier stehen besonders viele Passiv- und Niedrig-Energie-Häuser. Hier kauft man im genossenschaftlich geführten Bioladen ein. Hier fahren weniger Autos und umso mehr Fahrräder. Und hier spazieren besonders viele Besuchergruppen aus aller Welt herum, die sehen wollen, wie nachhaltiger Städtebau geht.

Was sie heute antreffen, ist das Ergebnis eines Ringens zwischen Baugruppen und Stadt. Letztere wollte nach Abzug der französischen Streitkräfte alle Kasernen, die hier seit 1937 standen, zugunsten des neuen Stadtteils abreißen. Studenten und künftige Häuslebauer aber kämpften für den Erhalt und hatten Erfolg: Die Stadt übergab vier der ehemaligen Mannschaftsgebäude an die Selbstorganisierte Unabhängige Siedlungsinitiative (kurz SUSI). Gleich am Eingang des Stadtteils leuchten den Besuchern die bunten SUSI-Häuser entgegen, die 260 Bewohnern günstiges Wohnen ermöglichen. Hier prangt neben Pippi Langstrumpf auch der Wahlspruch: „Wir machen uns die Welt, widde-wie sie uns gefällt." Auch das Haus 037 blieb stehen; heute ist es als Bürgerhaus Mittelpunkt des Quartiers, bietet Raum für Theater, Kino, Konzerte – und beherbergt das sonnengelbe Restaurant Süden, in dem badische und mediterrane Küche serviert wird. Wunderbar sitzt es sich im Sommer auf der Veranda unter den Glyzinien. Wer von hier aus durch die Häuserzeilen des Vauban wandert, kann sich freuen: In den Wohnstraßen fahren keine Autos, nur Bobbycars. Und am Bach findet sich ein weiteres Paradies für Kinder: der Abenteuerspielplatz mit Tieren und ganz viel Platz zum Herumstromern, Bauen und Toben.

Innovativ geht es im Stadtteil in vielen Bereichen zu: Die wohl bekannteste Solarsiedlung Deutschlands steht im Vauban: am Schlierberg. Übers Jahr gerechnet erzeugt sie mehr Energie als sie verbraucht. Architekturbegeisterte können außerdem ein Heliotrop bestaunen. Das Solargebäude wendet sich mithilfe eines Drehmechanismus immer der Sonne zu.

TIPP

Integrativ und ökologisch: Wer ein Zimmer sucht, wird im Green-City-Hotel im Vauban glücklich.

- Vauban, 79100 Freiburg
- ÖPNV: Straßenbahnlinie 3, Haltestellen Paula-Modersohn-Platz oder Vauban-Mitte

QUARTIER
VAUBAN
SUSI
„WIR MACHEN UNS
DIE WELT
WIDDI-WIE
SIE UNS
GEFÄLLT."

Freiburg zu Füßen

27 Wanderung auf den Kybfelsen

Der Weg zum Glück ist manchmal steinig. Und steil. Dieser hier zum Beispiel. Es ist kein ausgetretener Weg, sondern ein Pfad voller Stolpersteine und Wurzeln. Dafür ist das Glück am Ende umso größer. Versprochen! Also: Wanderschuhe an die Füße und los geht's.

Wir starten am Wanderparkplatz in der Nähe des Waldgasthofs St. Barbara im Stadtteil Littenweiler und folgen der Beschilderung Kybfelsen. Zugegeben: Die ersten paar Hundert Meter sind hart. Auf einer breiten Fahrstraße geht es steil bergan. Gut, dass auf dem Weg ein Waldspielplatz liegt und damit ein Ort zum Durchschnaufen. Aber bald darauf schlängelt sich der Pfad in Serpentinen den Berg hinauf, rechts und links schmiegen sich moosbewachsene Steine an den Hang, Farne ragen in den Weg hinein, Blätter rascheln unter den Füßen. So märchenhaft ist dieser Wald, dass es nicht verwundern würde, wenn gleich ein paar Zwerge über den Weg huschten. Die Entdeckungen am Wegrand sind so zahlreich, dass der steile Anstieg kaum mehr auffällt. Und Erlösung naht: Ab dem Kybfelsensattel wird es flacher. Hier biegen wir links ab, der Wald wird dichter und dunkler. Bis schließlich die Sonne über den Berg kommt und alles in goldenes Herbstlicht taucht. Bald ragt der Kybfelsen als großer Felsbrocken vor uns auf, von der Sonne wie von einem Scheinwerfer in Szene gesetzt. Wir haben's geschafft, den 820 Meter hohen Felsen erklommen. Nach Süden hin tut sich der Blick ins Tal auf: hinunter nach Freiburg und bis weit in die Vogesen und den Schwarzwald. Ein wahrhaft erhebender Ausblick. Und ein wundervoller Platz, um sich für das Geschaffte mit dieser herrlichen Aussicht zu belohnen und neue Kraft zu tanken.

Der Weg zurück ins Tal geht ungleich schneller. Unten angelangt können sich die Wanderer bei einem Abstecher ins Waldrestaurant St. Barbara stärken, wo die Familie Schneider an der Bauerntafel Schwarzwälder Tapas serviert. Oder man genießt in der Gartenwirtschaft die wunderbare Aussicht ins Dreisamtal.

TIPP
Wer gut und gerne strampelt, kann auch auf dem Mountainbike-Trail zum Kybfelsen gelangen.

- Kybfelsen, Start am Wanderparkplatz Sonnenbergstraße, 79117 Freiburg
- ÖPNV: Straßenbahnlinie 1, Haltestelle Laßbergstraße, Lindenmatten- und Sonnenbergstraße folgen

Neuer Süßer & Alte Wache

28

Herbstgenuss im Haus der badischen Weine

Das ist südbadisches Lebensgefühl par excellence: im warmen Licht der letzten Sonnenstrahlen auf dem Münsterplatz sitzen, ein Stück knusprigen Zwiebelkuchen auf dem Teller und ein Glas prickelnden Neuen Süßen in der Hand. Während den Bewohnern des anderen Landesteiles ihr Fleiß nachgesagt wird (ja, natürlich, die Schwaben), sind die Badener große Genießer. Und die Kunst des Genießens lässt sich im Haus der badischen Weine besonders facettenreich ausleben. Hier gibt es alle Freiburger Weine zu kosten und zu kaufen: vom trockenen Cuvée Munzinger Kapellenberg über den halbtrockenen Spätburgunder von der Waltershofener Steinmauer bis zur lieblichen Spätlese vom Opfinger Sonnenberg. Dazu das Beste aus den Weinbaugebieten Breisgau, Kaiserstuhl, Tuniberg, Markgräflerland und Ortenau. Hier genießt man zur Blauen Stunde ein Glas Wein mit einigen Tapas oder kostet das Zusammenspiel von Käse und Wein. Und wer noch mehr lernen will über den Wein und seine Macher, kommt zur „Götterdämmerung" – wenn Winzer und Kellermeister dazu einladen, ihren Geschichten und Visionen zu lauschen.

Aber dann im Herbst ist es Zeit für den besonders süß-süffigen südbadischen Genuss. Wenn er ein klein wenig auf der Zunge bitzelt, aber noch ordentlich Fruchtzucker hat – dann ist er genau richtig: der Neue Süße, andernorts auch neuer Wein oder Federweißer genannt. Und nirgends genießt er sich schöner als auf der Terrasse des Hauses der badischen Weine. Dieses befindet sich nämlich in der Alten Wache. Das pittoreske Gebäude atmet noch immer die Geschichte des 18. Jahrhunderts, als hier die österreichische Wachgarnison stationiert war. Heute sitzt man im Arkadengang, beobachtet das geschäftige Treiben auf dem Wochenmarkt und genießt den einzigartigen Blick auf das Münster.

Selbst im Winter ist die Alte Wache ein Genuss-Ort: wenn die Winzer im weihnachtlichen Lichterglanz Premium-Glühwein servieren, der auch das Herz erwärmt.

TIPP

Die Kalte Sophie aus geeistem Wein ist eine der Spezialitäten des Hauses.

- Alte Wache, Haus der badischen Weine, Münsterplatz 38, 79098 Freiburg www.alte-wache.com
- ÖPNV: Straßenbahnlinien 1, 2, 3 und 4, Haltestelle Bertoldsbrunnen

ALTE
HAUS DER

Aufsteigen & abhängen

29 Die Blaue Brücke und das Café Hermann

Eigentlich ist die Blaue Brücke eine Fahrrad- und Fußgängerbrücke, sie spannt sich über die Bahngleise, verbindet den Stadtteil Stühlinger mit der Altstadt. Eigentlich. Denn sie ist viel mehr als das. Sie ist Klettersteig, Aussichtspunkt und romantischer Dating-Ort in einem. Noch viel schöner als hier mit dem Rad drüberzurauschen, ist es nämlich innezuhalten! Von der Innenstadt kommend genießt man die Sicht auf die Türme der Herz-Jesu-Kirche, die von den Brückenbögen gleichsam eingerahmt wird. Nach Westen wird der Blick von den Schienen bis zum Schönberg geleitet. Um diese besondere Aussicht zu genießen, klettern ganz Mutige auf einen der geschwungenen blauen Stahlbögen und lassen die Beine baumeln – okay, erlaubt ist das eigentlich nicht. Alle anderen setzen sich dazu gemütlich auf die Dachterrasse des Café Hermann, das am Brückenende liegt, und schlürfen die herrliche selbst gemachte Limonade. Hier, in direkter Nachbarschaft zum Hauptbahnhof, genießt man weniger das typisch-heimelige Freiburg-Flair als einen etwas raueren City-Charme. Das Gleisbett schimmert im Licht der Sonne, im Hintergrund erhebt sich die spiegelnde Fassade des Bahnhofsturms. Darunter summt und brummt die Stadt: Während sich über die Blaue Brücke die lange Reihe der Radfahrer zieht, rollt auf der benachbarten Stadtbahnbrücke eine Tram nach der anderen an. Unter beiden Brücken rauschen die ICEs von Basel und Berlin ein.

TIPP

Zum Drauflosradeln: In der Radstation unterhalb des Cafés Hermann kann man Räder leihen.

Blaue Brücke – so nennt man die Brücke wegen ihres leuchtenden Anstrichs. Eigentlich heißt sie jedoch Wiwilí-Brücke, benannt nach Freiburgs nicaraguanischer Partnerstadt. Gedenktafeln an der Brücke erinnern an zwei Freiburger, die während humanitärer Einsätze in Wiwilí getötet wurden. Und noch eine Gedenkstätte findet sich am Brückengeländer. Wie in großer Eile vergessen liegt dort ein Mantel mit Davidstern – eine Bronzestatue, Mahnmal für die badischen Juden, die 1940 von den Nationalsozialisten verschleppt wurden. Auch ein Grund, an dieser Stelle innezuhalten.

- Blaue Brücke und Café Hermann, Wentzingerstraße 15, 79106 Freiburg
- ÖPNV: Straßenbahnlinien 1, 2, 3 und 4, Haltestelle Hauptbahnhof

Eine Oase inmitten der Stadt

30

Das Tibet-Kailash-Gartencafé

Freiburg eilt der Ruf voraus, eine grüne Stadt zu sein. Das bezieht sich einerseits auf den Hang zu Nachhaltigkeit, Ökologie sowie die politische Gesinnung vieler Freiburger. Andererseits aber tatsächlich auf die Natur in der und rund um die Stadt am Fuße des Schwarzwalds. Grüne Oasen gibt es nämlich sogar ganz zentral – nicht nur in Form von Parks, sondern etwa auch in Gestalt des Tibet-Kailash-Gartencafés. Versteckt hinter dem großen gelben Haus an der Wallstraße, das auf traditionelle tibetische Medizin ausgerichtet ist und in dem Meditations- und Yogagruppen sowie Vorträge und Veranstaltungen zu buddhistischen Themen angeboten werden, liegt dieser außergewöhnliche Glücksort.

In einem riesigen, terrassenartig angelegten und liebevoll bepflanzten Garten finden sich auf verschiedenen Ebenen und in zahlreichen Nischen kleine Tische, Stühle, Liegen, Wasserläufe – und jede Menge Buddha-Figuren. In diesem Café haben die Gäste die Möglichkeit, sich zurückzuziehen, zu meditieren oder einfach nur dem Vogelgezwitscher zu lauschen. Wer lesen möchte, kann sich an einem öffentlichen Bücherschrank bedienen. Das Tibet-Kailash-Gartencafé ist gleichermaßen ein Ort des Miteinanders wie auch der Stille. Typische Cafégeräusche wie Stimmengewirr, Geschirrklappern und Kaffeemaschinenbrummen sind hier nicht zu hören. Zu weitläufig ist das Areal, zu nach innen gewandt sind viele der Gäste.

TIPP

Wer sich weit oben ein Plätzchen sichert, kann den ganzen Garten überblicken. Herrlich!

Mehr als zehn Jahre lang hat Wilfried Pfeffer, Leiter des Kultur- und Therapiezentrums Tibet-Kailash-Haus, an der Gestaltung des bezaubernden Gartens gearbeitet. Beides hat vor einigen Jahren der 14. Dalai Lama höchstpersönlich eingeweiht. Seit 2018 gibt es im Kailash-Garten ein gastronomisches Angebot. Die wechselnde Auswahl an Gebäck und Getränken ist nicht riesig, aber besonders – und alles ist vergleichsweise günstig. So gibt es beispielsweise Mango-Lassi, hausgemachte Limonade und Kuchen mit saisonalen Früchten.

- Gartencafé des Tibet-Kailash-Hauses (nur im Sommerhalbjahr), Wallstraße 8, 79098 Freiburg
- ÖPNV: Straßenbahnlinie 1, Haltestelle Schwabentorbrücke

Glück des Selbermachens

31 Die Keramikwerkstatt in der Fabrik

Die Finger graben sich in den Ton, langsam entsteht eine Form, Texturen und Farben kommen hinzu – und am Ende, ganz am Ende, hält man tatsächlich die eigene Tasse oder Schale in Händen. Ein unbeschreiblich zufriedenes Gefühl stellt sich ein, schon während die Hände arbeiten. Und immer wieder, wenn man den Morgenkaffee und das Müsli aus dem eigenen Werkstück genießt. Handarbeit ist in und Handarbeit ist Glück. Insbesondere, wenn sie auch für Anfänger schon zum Erfolg führt. In der Keramikwerkstatt in der Fabrik können alle dieses Glück in der offenen Werkstatt erleben. Unter Anleitung von Annette Schwarte und ihren Kolleginnen darf getöpfert werden: Schüsseln und Schalen, Tassen und Becher, Dosen und Schilder. Und das ist gar nicht so schwer: Ein fertiges Gefäß gibt die Form für die neue Kreation. Oder man besucht einen der Drehkurse, um noch tiefer in die Kunst der Keramik einzutauchen und feinwandigere Behälter zu schaffen. Die Oberflächen erhalten mit Stempeln oder Walzen eine ganz eigene Textur, Farben und Glasuren bringen das Kunstwerk zum Glänzen.

Die Keramikwerkstatt ist Teil der „Fabrik für Handwerk, Kultur und Ökologie“ – ein Verein, in dem Kreative schon seit Ende der 70er-Jahre basisdemokratisch und selbstverwaltet zusammenarbeiten und wirtschaften. Lange war das Gebäude Sitz einer Möbel-, später einer Garnfabrik. Nachdem es einige Jahre leer gestanden hatte, nahm die alternative Kunstszene es in Besitz – finanziert mit der Hilfe privater Spender. Seither leben in dem Haus das Handwerk und die Kunst: Eine Schreinerei und eine Druckerei haben hier ihren Platz, in der Fahrradwerkstatt darf selbst geschraubt werden, der Tanzsaal bietet Raum für Bewegung, und die kleine Bühne in der Fabrik zeigt Kindertheater, Kleinkunst und Kabarett. Alle bereichern sich gegenseitig, den Stadtteil Herdern und die Besucher, die mit der eigenen Hände Arbeit ganz neue Ausdrucksformen finden.

TIPP

Freiburgs schönster Töpfermarkt findet jährlich Ende Juni am Alten Wiehrebahnhof statt.

- Keramikwerkstatt, Fabrik für Handwerk, Kultur und Ökologie, Habsburgerstraße 9, 79104 Freiburg, www.fabrik-keramik.de
- ÖPNV: Straßenbahnlinie 4, Haltestelle Okenstraße

mindestens
3,7 % Fett

Sonnenlage

32 Durch die Weinberge zur Erentrudiskapelle

Die tief stehende Abendsonne färbt den Himmel orange-rot. Und auch, wenn an einem Spätsommertag die Luft langsam abkühlt, strahlt der Boden noch immer eine wohlige Wärme ab. Die vielen Sonnenstunden, der fruchtbare Lössboden und die nach Süden ausgerichteten Hänge machen aus dem Tuniberg ein ideales Weinbaugebiet. Besonders gut gedeihen die Reben des Spätburgunders. Aber nicht nur die: Der Tuniberg beherbergt auch sonst eine üppige Vegetation: Blühende Rosen verzieren die Rebhänge, Holunderbüsche strotzen vor prallen Beeren, Walnussbäume, dicht behängt, säumen die Wege. Kein Wunder, dass der Tuniberg auch der blühende Garten Freiburgs genannt wird. Nur wenige Kilometer von der Stadt entfernt erhebt sich dieser 120 Meter hohe Bergrücken aus der Rheinebene. Es gilt als sicher, dass schon die Römer hier Reben pflanzten. Und die Römer haben auch ihre Spuren in den Sagen und Geschichten hinterlassen, die sich um den Tuniberg ranken: Der Hunnenkönig Attila soll auf dem Tuniberg begraben worden sein. Wer sich auf seine Spuren begeben möchte, wandert zum Attilafelsen, wo ein Rastplatz mit Brunnen zum Verweilen einlädt.

Besonders schön ist eine kleine Tour zur Erentrudiskapelle. Spaziergänger steigen die anderthalb Kilometer vom Freiburger Ortsteil Munzingen hinauf, erklimmen den Bergrücken Terrasse für Terrasse, während der Blick über die Reben wandert. Auf der südöstlichen Spitze des Tunibergs erreichen sie schließlich die Kapelle, ein kleines Gebäude mit hübschem Turm. Noch viel schöner als das Kapelleninnere ist das Panorama, das sich hier auftut: Der Blick schweift von den Höhen des Schwarzwalds bis hinüber in die französischen Vogesen, die Rheinebene liegt einem zu Füßen. Ein kleines Bänkchen lädt dazu ein, sich die letzten Strahlen der Sonne ins Gesicht scheinen zu lassen, ihr bei ihrer Reise hinter den Horizont zuzusehen und die heraufziehende Dunkelheit auf sich wirken zu lassen.

TIPP

Wer in Munzingen nobel speisen möchte, ist im Schloss Reinach genau richtig.

- Erentrudiskapelle, Ortsteil Munzingen, 79112 Freiburg
- ÖPNV: Buslinie 35 ab Munzinger Straße, Haltestelle Windhausgässle, 15 Minuten Fußweg

Ab in die Hängematte

33

Das vegane Café Pausenraum

Wer fast an den nördlichsten Zipfel der Stadt vordringt, hat eine Pause verdient. Deshalb haben die Unternehmerinnen Wiebke Gerhardt und Lea Bartels im Stadtteil Zähringen das Café Pausenraum geschaffen. Als sich den beiden Freundinnen 2015 die Gelegenheit bot, in den Räumen des Unternehmens Hängemattenglück ihren Traum zu verwirklichen, überlegten sie nicht lange. Mithilfe von Crowdfunding finanzierten sie die Einrichtung und eröffneten ein Café, in dem alle Produkte bio und vegan sind. Die einzige Ausnahme: Wer mit Hafer-, Mandel- oder Sojamilch im Kaffee fremdelt, bekommt Kuhmilch. Warum sie auf tierische Produkte verzichten, steht auf der großen Tafel über der Theke: „Der Umwelt, den Tieren und dir zuliebe." Die Umweltwissenschaftlerin Lea Bartels setzte sich im Studium eingehend mit den globalen Auswirkungen von Konsum auseinander – und mit dem Pausenraum ein deutliches Zeichen für Nachhaltigkeit. Wichtig sind ihr und Wiebke Gerhardt nicht nur der Fleischverzicht, sondern auch dass saisonal sowie regional gegessen und Umwelt- sowie Klimaschutz in allen Bereichen gelebt wird. Deshalb ist im Pausenraum auch das Putzmittel bio und die To-go-Verpackung recycelbar. Wer dieses Café besucht, soll nicht nur mit allen Sinnen, sondern auch mit gutem Gewissen genießen können.

TIPP

Schon mal einen „Dirty Chai Latte" probiert? Dann wird's Zeit!

Wie lecker vegan schmecken kann, zeigen Lea Bartels und Wiebke Gerhardt mit selbst gemachten Quiches, Suppen, Kuchen, einem täglich wechselnden Mittagstisch und Getränken wie heißer Hafermilch mit Datteln. Auf der kleinen, aber feinen Karte stehen Sattmacher, Wachmacher und Glücklichmacher. Doch nicht nur das kulinarische Angebot des Pausenraums sticht aus der Masse hervor, sondern auch das Mobiliar sucht seinesgleichen. Sitz-(und Liege-)gelegenheiten bieten nämlich nicht nur ein Rokokosofa, alte Kinosessel, Holzpodeste und Palettenbänke, sondern draußen auch jede Menge Hängematten, die drinnen gekauft werden können.

- Café Pausenraum, Burgdorfer Weg 19, 79108 Freiburg
www.pausenraum-freiburg.de
- ÖPNV: Straßenbahnlinie 4, Haltestelle Reutebachgasse
oder mit der Bahn bis zum Bahnhof Zähringen

Hallo Welt

Schwimmen mit Charme

34 Das Lorettobad

Durch einen verschnörkelten Pavillon betritt man diesen Ort aus längst vergangener Zeit. Gleich neben der Kasse öffnet sich eine einfache Holztür: „Damenbad“ steht in schwarzen Buchstaben auf weißem Grund. Dahinter wird das Blau des Beckens von der langen Reihe kleiner Umkleidekabinen gesäumt, Geranien zieren die Sprossenfenster. Das Lorettobad, von den Einheimischen liebevoll „Lollo“ genannt“, hat seinen Charme des 19. Jahrhunderts bis ins Heute gerettet. In den Kabinen hängt man seine Sachen an verschnörkelte Haken, von den weißen Holzwänden blättert ein wenig der Lack. Hier muss niemand Vintage-Stil vorgaukeln – hier ist alles alt und echt. Das Bad im Jugendstil wurde 1841 errichtet und steht heute unter Denkmalschutz. Das Wasser fürs Schwimmbecken wurde damals aus dem Hölderlebach abgeleitet, der noch heute gurgelnd durchs Bad fließt. Und das Lollo hat noch etwas bewahrt, das es in dieser Form heute nicht mehr gibt. Nachdem das Schwimmen im „Herren- und Gartenbad“ zunächst den Männern vorbehalten war, wurde hier 1886 ein separates Damenfreibad eröffnet. Und so existiert es noch heute: als Deutschlands einziges Freibad ausschließlich für Frauen.

TIPP

Die 125 Jahre alten Einzelkabinen des Damenbereichs können pro Saison angemietet werden.

Zwischen alten Bäumen und hohen Villen scheint sich das Lorettobad vor zu großem Ansturm verstecken zu wollen, doch längst hat sich seine Schönheit herumgesprochen. Alteingesessene Freiburgerinnen kommen heute genauso hierher wie Studentinnen, Schwangere wie Mütter mit kleinen Kindern (Jungen dürfen bis zum Alter von drei Jahren ins Damenbad): Viele genießen es, hier auch oben ohne schwimmen und bräunen zu können – abgeschirmt von hohen Hecken und hübschen Holzwänden. Und wer seine Familie mitbringen möchte, geht einfach nebenan ins weitläufigere Familienbad mit Wasserrutsche, Spielplatz, Tischtennisplatten und Kiosk – da können alle den nostalgischen Charme des Lollo genießen.

Übrigens: Im Sommer veranstaltet der Verein „Freunde des Lorettobads“ klassische Konzerte im Damenbad – und dann sind Männer ausnahmsweise willkommen.

- Lorettobad, Lorettostraße 51a, 79100 Freiburg
- ÖPNV: Straßenbahnlinie 3, Haltestelle Weddigenstraße oder Straßenbahnlinie 5, Haltestelle Reiterstraße

Einkaufen mit allen Sinnen

35 Die Glaskiste im Sedanviertel

Der Duft ist das Besondere. Schon wenn man durch die schwere Glastür tritt, umfangen einen die Aromen von Kakao und Kaffee, von Curry und Kardamom, von Sanddorn und Rose. Denn hier ist nichts in Plastik verschweißt und hermetisch verschlossen. Die Kaffeebohnen liegen in großen Glasbehältern, die Gewürze in kleineren. Haar- und Duschseifen sind lose zu haben. In der Glaskiste gilt uneingeschränkt: unverpackt, und das Einkaufen wird zu einem ganz sinnlichen Erlebnis. Durch die Aromen der Lebensmittel. Durch das eigenhändige Abfüllen in die mitgebrachten Vorratsdosen und Gläser. Durch die Transparenz des Konzepts. Auf einer großen Tafel an der Wand ist nämlich sichtbar, auf welchen Wegen Lebensmittel, Getränke, Kosmetika und Reinigungsmittel den Weg in den Unverpackt-Laden finden. Vieles kommt direkt aus Freiburg: Milchprodukte und Bier, Ketchup und Senf. Obst und Gemüse vom nahen und sonnenreichen Kaiserstuhl, Käse aus dem Schwarzwald, Waschmittel vom Bodensee. Denn auch Spülmittel, Handseife und Waschmaschinenpulver können aus großen Bottichen selbst gezapft werden. Alles mit dem Ziel, den Müllberg zu Hause zu minimieren und die Natur zu entlasten. Ein besonderes Vergnügen ist es, an der rückwärtigen Wand Berglinsen oder Farfalle, Jasminreis oder Quinoa selbst abzufüllen. In langen Glasbehältern reihen sich hier Getreidesorten und Teigwaren aneinander. Mithilfe eines Hebels strömen die Zutaten fürs nächste Abendessen ins mitgebrachte Glas – rauschend der Reis, klimpernd die Nudeln, säuselnd die Linsen.

Wer mal keinen Behälter dabeihat, findet hübsche Gläser auch zum Kauf. Es gibt fast nichts, was es nicht unverpackt gibt in der Glaskiste: Schokolade und Gummibärchen, Lebkuchengewürz und Hefe, Bananenchips und Nüsse. Wer mag, kann die auch gleich in einer der bereitgestellten Mühlen mahlen. Das ist Einkaufen mit allen Sinnen und dem glücklichen Gefühl, das Richtige zu tun.

TIPP

Für ein plastikfreies Badezimmer und besonderen Genuss beim Duschen: ShowerBits von Rosenrot.

● Glaskiste, Moltkestraße 15, 79098 Freiburg
www.glaskiste.com
● ÖPNV: Straßenbahnlinien 1, 2, 3, 4 und 5, Haltestelle Stadttheater

bio
kandierte Zitronenschalen
1,40/100g
bio
GETROCKNETE TOMATE
bio
getrocknete Physalis
3,20/100g
Erdmandeln
Ökovital
Gummibären ohne Gelatine
1,45€/100g
bio
getrocknete Sauerkirschen
2,20/100g
Bananenchips mit Salz!
0,90€/100g
Apfelringe
2,90/100g
bio
02-2019
Bio

Auf die Kufen, fertig, los!

36 Eislaufen in der Echte-Helden-Arena

Es ist ein herrliches Vergnügen, auf Kufen übers Eis zu gleiten. Zuerst noch etwas unsicher, weil die Schlittschuhe jetzt doch lange im Schrank und nicht an den Füßen waren, dreht man ein paar langsame Runden, versucht ein paar vorsichtige Drehungen, nimmt schließlich ordentlich Tempo auf und rauscht mit Schwung in die Kurven. Schritt für Schritt und Runde um Runde rückt der Alltag weiter in den Hintergrund, lässt man den Stress zurück. Leichtigkeit stellt sich ein. Die Haare wehen im kalten Wind, die Wangen glühen.

Mindestens ebenso vergnüglich ist es, zwischendurch in den Sitzreihen Platz zu nehmen – vielleicht mit einem mitgebrachten heißen Tee in der Hand – und den anderen bei ihren Runden zuzusehen. Die Könner drehen kunstvoll Pirouetten, die Anfänger wagen die ersten unbeholfenen Schritte entlang der Bande. Die einen stürzen sich waghalsig ins Vergnügen – und manchmal auf den Hosenboden –, die anderen klammern sich Hilfe suchend an die Hand des Partners.

Jedes Jahr von Oktober bis April öffnet die Echte-Helden-Arena im Sportzentrum West nahe des Seeparks ihre Türen für die Allgemeinheit. Wo sonst die Freiburger Wölfe – die Spieler des hiesigen Eishockeyclubs – um Punkte kämpfen, dürfen dann große und kleine Schlittschuhläufer auf die Kufen. Eishockey- oder Eiskunstlaufschuhe können im Stadion gegen Gebühr ausgeliehen werden. Und für alle, die noch üben, gibt es Laufhilfen in verschiedenen Größen. Richtig rund geht es in der Eishalle beim Lichterlauf an jedem Samstagabend. Dann sorgen neben fetziger Musik auch Lichteffekte dafür, dass man noch beschwingter übers Eis schwebt, ob allein oder Hand in Hand mit dem oder der Liebsten. Außerdem mixt die Crew der Freiburger Cocktailbar Sausalitos fruchtige Erfrischungen für die Schlittschuhläufer – ganz ohne Alkohol, damit sich bei ihnen nicht der Kopf dreht, sondern nur der Körper übers Eis.

TIPP

Wer nicht selber eislaufen mag, kann in der Halle die Heimspiele des EHC besuchen.

● Echte-Helden-Arena, Ensisheimer Straße 1, 79110 Freiburg
www.ehcf.de/eislaufen
● ÖPNV: Straßenbahnlinie 4, Haltestelle Berliner Allee

Brägele & Bibiliskäs

37 Die Griestal-Strauße in Opfingen

Eine Wiese am Rande der Weinberge, eine Decke und das herrlichste Essen. Das klingt nach dem perfekten Picknick? Das ist das perfekte Picknick! Denn man muss noch nicht mal selbst für Essen und Trinken sorgen: In der Griestal-Strauße im Ortsteil Opfingen werden Spätzle & Co. direkt auf der Wiese serviert. Die kleine Straußenwirtschaft hat selbstverständlich auch Tische und Bänke – drinnen wie draußen –, aber nirgends lässt es sich so entspannt sitzen wie unter den Obstbäumen vor dem Haus. Die Decke bringt man selber mit oder holt sie sich aus der großen Kiste, breitet sie aus, und während man den Blick über Blumen, Bäume und Weinberge schweifen lässt, genießt man ein schönes Glas Wein direkt vom Hof oder den selbst gemachten Traubensaft – besonders den weißen. Unbedingt probieren: ein Genuss! Säfte und Weine, die in der Strauße angeboten werden, kommen sämtlich aus eigenem ökologischem Anbau. Genauso wie der Spargel, der zur Saison mit leichter Minz-Zitronen-Butter und Kratzete serviert wird. Kratzete – sozusagen Kaiserschmarrn in salzig – ist nicht das einzige Gericht, das Auswärtigen öfters erklärt werden muss. Wer richtig in die badische Küche einsteigen mag, wählt das sagenhafte badische Trio: Brägele (Bratkartoffeln), Wurstsalat und Bibiliskäs (gewürzter Quark) oder richtig deftig: Brägele mit Leberle. Und wer eine Weile länger unter dem großen Baum sitzt und das badische Lebensgefühl so richtig auskostet, kann dann noch die wunderbare Weincreme kosten.

Wie alle echten Straußenwirtschaften hat die Griestal-Strauße nur wenige Monate im Jahr geöffnet; das aber zur besten Wander- und Radsaison. Wer von Freiburg nach Opfingen radelt, kommt übrigens am kleinen und großen Opfinger See vorbei. Nach ein paar Stunden am Wasser ist es umso herrlicher, in die Griestal-Strauße einzukehren und den Tag am Fuße des Tunibergs mit einem trockenen Grauburgunder oder einem lieblichen Muskateller ausklingen zu lassen.

TIPP

Im Hofladen der Strauße gibt's Wein und andere eigene Erzeugnisse auch zum Mitnehmen.

- Griestal-Strauße, Griestal 2, 79112 Freiburg-Opfingen, www.griestal-strausse.de
- Anfahrt: mit Auto oder Fahrrad nach Opfingen, im Ortszentrum Straße Dürlebach nehmen und Beschilderung folgen

Eine Nase voll Glück

38 Einkaufen bei Tee-Peter-Kaffee

Duft kann süchtig machen. Davon kann sich überzeugen, wer den Laden von Familie Peter an der Schusterstraße in der oberen Altstadt betritt. In vierter Generation werden dort Tee und Kaffee verkauft. Gratis dazu gibt es diesen unvergleichlichen Wohlfühlgeruch, den man nicht mit Worten beschreiben kann, sondern erleben muss. Spezialisiert sind die Peters auf die Herstellung eigener Teemischungen, etwa den Darjeeling Flowery oder den 5-Uhr-Tee. Im Sortiment gibt es regionale Sorten wie den „Freiburger Früchtekorb" oder Schwarzwälder-Kirsch-Tee, aber auch exotische Raritäten. Höhepunkt des Jahres ist für Mitarbeiter wie Kunden gleichermaßen das Frühjahr, wenn die neue Ernte eintrifft. Der Geruch, der dann aus den großen Blechdosen steigt, bezeichnet Barbara Peter-Beck als „schönsten Duft der Welt".

TIPP
Schönes Mitbringsel: kunstvoll gebundene Jasmin-Red-Peach-Teekugeln.

Mithalten kann da eigentlich nur das Aroma frisch gerösteten Kaffees. Im Laden gibt es neben verschiedenen und ganz besonderen Sorten auch eine hervorragende Beratung. Seinen Kaffee verkauft das Unternehmen übrigens in recycel- und trotzdem verschweißbaren Papiertüten. Das Umweltbewusstsein der Freiburger zeigt sich darüber hinaus auch darin, dass immer mehr Kunden ihre eigenen Gefäße mitbringen zum Einkauf beim „Tee-Peter", wie der Laden häufig genannt wird. Selbstverständlich gibt es auch wunderschöne Tee- und Kaffeedosen zu kaufen – genauso wie Tassen und Kannen in den unterschiedlichsten Farben und Formen.

Weil für viele zur kleinen Kaffee- oder Teeauszeit auch eine süße Sünde gehört, gibt es bei Tee-Peter-Kaffee eine verführerische Pralinentheke, ausgewählte Kekssorten und Schwarzwald-Schokolade. Liebevoll zusammengestellte Geschenksets runden das Angebot ab und animieren den einen oder anderen Kunden dazu, sich mal wieder selbst etwas zu schenken. Und auch wer kommt, um anderen etwas Gutes zu tun, nimmt auf jeden Fall etwas für sich mit: diesen wunderbaren Duft!

- Tee-Peter-Kaffee, Schusterstraße 17, 79098 Freiburg, www.tee-peter-kaffee.de
- ÖPNV: Straßenbahnlinien 1, 2, 3 und 4, Haltestelle Bertoldsbrunnen

Herrschaftliches Reservoir

39 Das Wasserschlössle im Sternwald

Der Weg führt hinter dem Bahnhof im Stadtteil Wiehre zuerst über eine schmale Fußgängerbrücke und anschließend steil hinauf in den Wald. Vogelgezwitscher und das Klopfen eines Spechtes lösen den Verkehrslärm ab und lassen vergessen, dass man sich am Rande einer Großstadt befindet. Der Spaziergänger ist umgeben von Grün, die Luft ist frisch und sauber, es riecht nach Holz und Erde. Dicke Wurzeln durchbrechen den Weg, der sich in Richtung Osten durch die Bäume schlängelt. Der Wald ist dicht, man befindet sich mitten im Nirgendwo. Und dann taucht plötzlich dieses vornehme Schlossportal mit den drei Türmen auf. Nicht wenige vermuten dahinter den Sitz eines Adelsgeschlechts oder das Eigentum eines sehr wohlhabenden Besitzers. Tatsächlich handelt es sich beim Wasserschlössle aber um eine Trinkwasser-Versorgungsanlage. Hinter dem Portal, das direkt an den Hang gebaut ist, verbirgt sich seit 1869 ein riesiger Wasserhochbehälter. Mit der kunstvollen Fassade wollten die Freiburger Stadtherren Überlieferungen zufolge ihre Wertschätzung für das Trinkwasser zum Ausdruck bringen. Als Vorbild diente das Freiburger Stadtsiegel aus dem Jahr 1245, das sich übrigens nicht nur auf der Amtskette des Oberbürgermeisters befindet, sondern auch unzählige Kanaldeckel im Stadtzentrum ziert.

TIPP

Besonders schön ist der Weg zum Schlössle im Herbst, wenn sich das Laub färbt.

Alle zwei Jahre lädt der Energieversorger Badenova zum Wasserschlössle-Fest und bietet an diesem Tag Führungen durch das Wasserreservoir an. So mancher Besucher ist überrascht, welche Hochleistungstechnik sich hinter der historischen Fassade verbirgt.

Doch egal, was das vermeintliche Schloss beherbergt – beeindruckend anzusehen ist es allemal. Einen Ausflug wert ist dieser Ort zudem auch deshalb, weil sich direkt vor dem Portal eine Sitzbank befindet, von der aus sich ein fantastischer Blick auf die Stadt eröffnet: Zwischen unzähligen Häuserdächern ragen markante Gebäude wie Münster, Schwabentor, Herz-Jesu- und Johanneskirche hervor.

- Wasserschlössle, Waldseestraße, 79117 Freiburg
- ÖPNV: Regionalbahn nach Titisee, Haltestelle Freiburg-Wiehre, zehn Minuten Fußweg

Wasserwerk Freibu
1895

Heimat des Handgemachten

40 Shoppen in der Gerberau

Natürlich kann man auch in der Kajo von Laden zu Laden ziehen – der Kaiser-Joseph-Straße, Freiburgs Hauptverkehrsader für Einkaufs- und andere Touristen. Dort reihen sie sich alle aneinander, wie man sie aus jeder Innenstadt kennt: S.Oliver und H&M, Kaufhof und WMF. Wer es individueller mag, bummelt durch die Gerberau. Das Sträßchen war einst das Zuhause der Gerber – und ist auch heute noch Heimat vieler Handwerkerinnen und Handwerker. Statt Klamotten von der Stange gibt es hier zum Beispiel Handgeschneidertes bei Garçonne. Schneidermeisterin Claudia Löslein fertigt in ihrem Lädchen Einzelstücke nach Wunsch. Wer selbst Talent zum Schneidern hat, findet bei ihr wunderschöne Stoffe und die klassischen Garçonne-Schnittmuster. La Speranza bietet tolle Taschen. Und in Silvia Steinhausers Antiquitätengeschäft stöbert man die allerschönsten Dekorationen und Haushaltswaren auf: Geschirrtücher und Stoffservietten, Tassen und Kannen, Drahtkörbchen und nostalgische Lampen – kleine Gebrauchsgegenstände, die aus einer anderen Zeit zu kommen scheinen und das wohlige Gefühl des Geborgenseins vermitteln. Originelle Inneneinrichtung finden sich auch einige Meter weiter bei Gaf Gaf: leuchtend bunte Lampen aus Bambus, Metallstühle im Shabby Chic, wunderbar weiche Wolldecken aus dem Himalaya. Dazu die hübschesten Ohrringe, Ketten und Armbändchen, Ausgewähltes und Handgefertigtes aus Indonesien und Bali. Vieles bringen die beiden Ladeninhaber direkt von ihren Asienreisen mit nach Freiburg. Auch der wunderbare Laden gegenüber verbindet Ethik und Ästhetik perfekt miteinander: Bei d'antunes gibt es Mode von kleinen, innovativen Labels aus der ganzen Welt. Schals, Taschen, Röcke – alles leuchtet in den herrlichsten Farben: eine wahre Einladung zum Fröhlichsein.

TIPP

Wer eine Pause benötigt, kann sich im Restaurant Harem mit orientalischen Gerichten stärken.

- Gerberau, 79098 Freiburg
- ÖPNV: Straßenbahnlinien 2 und 3, Haltestelle Holzmarkt

Cappuccino-Kurzurlaub

41

Das Café Liebes Bisschen

So ein bisschen Liebe und ein liebes Bisschen sollte es in jeder Stadt geben. Denn davon kann man nie genug bekommen. Katrin Geisthövel serviert den Gästen im Café Liebes Bisschen beides: Leckerbissen aus regionalen Zutaten und kreative Kreationen wie Kürbis-Cappuccino, garniert mit einem freundlichen Lächeln sowie netten Worten der Mitarbeiter. Und das in einer sehr ansprechenden Umgebung. Geschlagene drei Jahre lang hat Katrin Geisthövel gesucht und sich fast 60 verschiedene Läden angeschaut, bevor sie 2015 die Location fand, die sie überzeugte. Das Café Liebes Bisschen liegt nun zwar nicht gerade zentral, ist aber definitiv jeden Weg wert und weit über das Viertel hinaus bekannt. Der Wohlfühlfaktor hier ist ausgesprochen hoch: Die Gäste können sich auf bequemen Ledersofas zurücklehnen und fühlen wie im eigenen Wohnzimmer – oder wie im Kurzurlaub. Denn: Auf der großzügigen Terrasse mit Liegestühlen verbreiten in den warmen Monaten Palmen und Olivenbäume italienisches Flair. Dazu passt die mediterran inspirierte Küche hervorragend. In der kalten Jahreszeit sorgen moderne Holzelemente und eine liebevolle Dekoration im lichtdurchfluteten Inneren des Cafés für eine gemütliche Atmosphäre. Wer hier ein Plätzchen gefunden hat, möchte gar nicht mehr gehen. Und „man" meint in diesem Fall tatsächlich alle: Gleichermaßen Jung und Alt, Einheimische und Touristen. Katrin Geisthövel, die aus Freiburg stammt und in Italien Touristik sowie Eventmanagement studiert hat, empfängt mit großer Herzlichkeit Stammgäste, die täglich den Mittagstisch genießen, alleinstehende Senioren, junge Familien, Freundinnen oder Geschäftsleute mittleren Alters. Eine Freude ist ein Besuch im Café Liebes Bisschen immer, ein Highlight ist definitiv der vielfältige, leckere Brunch am Sonntag. Was dieses Café außerdem aus der Masse hervorhebt: Ist ein Gast erkältet, bekommt er eine heiße Zitrone – aufs Haus!

TIPP

Vegetarisch, vegan oder glutenfrei? Gibt's von allem ein bisschen!

- Café Liebes Bisschen, Komturstraße 33, 79106 Freiburg
  www.liebes-bisschen.net
- ÖPNV: Straßenbahnlinie 2, Haltestelle Eichstetter Straße

Smile

Nahrung für Naturfreunde

42 Wandern am Schönberg

Mit seinen vielen Gipfeln ist der Schönberg oberhalb des Stadtteils St. Georgen ein Paradies für Spaziergänger und Wanderer. Mal geht es steil bergauf, mal ziehen sich die Wege eben am Hang entlang, gesäumt von Reben und Streuobstwiesen. Die zarten weißen Blüten von Schlehen, Zwetschgen und Kirschbäumen machen den Schönberg im Frühjahr zu einer Augenweide, im Herbst leuchten die gefärbten Blätter von knorrigen Apfel- und Birnbäumen mit denen der Walnussbäume um die Wette. Als Vogelschutzgebiet beherbergt der Schönberg nicht nur eine große Tiervielfalt, sondern auch viele alte Obstsorten: Zibärtle und Mispel, Quitte und Mirabelle. Auf den Wiesen wachsen Orchideen und rosa Kartäusernelken, gelber Wiesenpippau und blauer Ehrenpreis. Also, Augen auf! Vielleicht entdeckt man im Gewirr der Büsche eine Zaunammer oder im Geäst eines Baumes einen Grauspecht, der – anders als sein Name vermuten lässt – durch sein gelbgrünes Gefieder auffällt.

TIPP

Biergarten mit Ausblick: das Gasthaus Schönberger Hof direkt unterhalb der Schneeburg.

Mit der Straßenbahn kann man direkt aus der Innenstadt zum Fuß des Schönbergs zuckeln. An der Endhaltestelle der Linie 3 geht es los. Zunächst wandert man in Richtung des Jesuitenschlosses, einem herrschaftlichen Anwesen – einst Heimat der Jesuiten, die ab 1620 an der Universität Freiburg lehrten. Heute sind das Stiftungsweingut Freiburg und ein Restaurant in dem herrschaftlichen Anwesen zu Hause. Im verglasten Gastraum oder auf der weiten Terrasse genießt man die Sonne und einen sagenhaften Blick über die Stadt und den Kaiserstuhl. Gestärkt kann man sich wieder auf den Weg machen: gemächlich hinüber nach St. Georgen oder kräftezehrender über den Hauptgipfel des Schönbergs hinaus bis zur Schneeburg. Die Ruine thront hoch über Freiburg und beschert den Wanderern neue, noch weitere Ausblicke. Durch urigen Buchenwald und fein duftenden Waldmeister geht es zurück in die Stadt, einige Kilometer in den Beinen und wunderbare neue Eindrücke im Gepäck.

● Jesuitenschloss, 79249 Merzhausen, jesuitenschloss.de
● ÖPNV: Straßenbahnlinie 3, Endhaltestelle Innsbrucker Straße, 25 Minuten Fußweg zum Schloss

Bewegt feiern

43 Mit der Partystraßenbahn durch die Stadt

Die Jubilarin balanciert einen mit leckeren Häppchen beladenen Teller zu ihrem Platz. Dass sie dabei ins Wanken gerät, ist nicht dem Gläschen Sekt zur Begrüßung geschuldet, sondern der außergewöhnlichen Location: Gemeinsam mit 30 weiteren Gästen feiert sie in der Freiburger Partystraßenbahn ihren Geburtstag – und fährt währenddessen von Littenweiler nach Landwasser und von der Hornusstraße bis nach Haslach. Die Partystraßenbahn ist ein knapp 19 Meter langes, historisches Fahrzeug der Freiburger Verkehrs AG, Baujahr 1968. Es unterscheidet sich von seinen Pendants im Linienverkehr nicht nur durch sein stolzes Alter, sondern vor allem durch sein außergewöhnliches Interieur. Neben 31 Sitzplätzen gibt es jede Menge Tische sowie ein Büfett, zudem eine Bar mit Kühlschrank, eine Musikanlage und zwei Garderoben. Gemietet wird die Partystraßenbahn gerne für Betriebsfeiern, private Feste wie runde Geburtstage oder eben einfach von ein paar Freunden, die das Leben in voller Fahrt feiern möchten.
Die jüngsten Gäste versammeln sich gern im hinteren Teil der Bahn, wo es einen Fahrerstand gibt, und fühlen sich ein bisschen so, als würden sie selbst das Gefährt steuern. Im mittleren Teil versuchen einige Pärchen ihr Gleichgewicht so gut zu halten, dass sie in der Straßenbahn zu ihrer Lieblingsmusik die Hüften schwingen können. Und die gemütlicheren Mitfahrer sitzen entspannt an den Tischen, genießen den Blick auf die vorbeiziehende Stadt und die Aufmerksamkeit von Passanten und Autofahrern. Der eine oder andere Gast entdeckt auf der Tour Straßen, Gebäude und Plätze, die er noch nie zuvor (bewusst) wahrgenommen hat. Der Straßenbahnfahrer fungiert auf solchen Fahrten schon mal als Stadtführer und gibt die eine oder andere Anekdote zum Besten.
Gegen Aufpreis gibt es einen Hol- und Bringservice für die Partygesellschaft. Gebucht werden kann das komplette Catering, es gibt aber auch die Möglichkeit, Essen und Getränke selbst mitzubringen.

TIPP

Eine Fahrt in der (Vor-)-Weihnachtszeit durch die geschmückte und beleuchtete Stadt ist fantastisch!

● Freiburger Verkehrs AG, Besançonallee 99, 79111 Freiburg
www.vag-freiburg.de, partywagen@vagfr.de

Perfekt zum Innehalten

44

Die Pferdewiese oberhalb von Herdern

Ein viel beachtetes Viertel: Herdern ist bekannt für seine prunkvollen Villen und deren wohlhabende Besitzer. Aber es gibt auch Ecken, etwa rund um den Dorfplatz und die St.-Urban-Kirche, an denen sich der Spaziergänger in einem heimeligen Winzerdorf wähnt. Und es gibt in diesem sehenswerten Stadtteil eine Anhöhe, die den Blick weitet und das Herz öffnet: das in Freiburg als Pferdewiese bekannte Areal zwischen Sonnhalde und Eichhalde.

Schmale Pfade führen Fußgänger von der Hauptstraße und dem Jägerhäusleweg serpentinenartig hinauf zur Straße Eichhalde. Wer breitere Straßen bevorzugt, wählt die Wintererstraße. An selbiger liegt das Hotel Merkur. Der Blick von der dortigen Terrasse – ideal für ein Päuschen – ist schon jede Mühe wert. Und es wird noch besser: Die Reben im Vordergrund, das Münster dahinter – dieser Blick bietet sich oberhalb des Staatsweinguts an der Eichhalde. Noch ein paar Kurven und Höhenmeter weiter eröffnet sich dann ein sagenhafter Blick auf die Stadt – und gelegentlich auch auf die Pferde, die dieser Wiese ihren Namen geben. Bei klarer Sicht sind der Kaiserstuhl und sogar die Vogesen zu sehen. Kein Wunder also, dass an dieser Stelle Ruhebänke zum Verweilen einladen. Ganz egal zu welcher Tages- oder Jahreszeit Spaziergänger herkommen – dieser Ort scheint nur dafür gemacht zu sein, innezuhalten und den Alltag für ein Weilchen hinter sich zu lassen. Beliebt ist der Platz oberhalb der Pferdewiese besonders bei Sonnenauf- oder -untergang – und zum Jahreswechsel an Silvester mit Premiumblick auf das Feuerwerk.

Nicht weit von diesem Aussichtspunkt, am Hebsack oberhalb der Sonnhalde, befindet sich übrigens ein fast 100 Jahre altes Licht-, Luft- und Sportbad, in dem es zwar kein Schwimmbecken, aber eben Licht und Luft gibt. Der Freiburger Naturheilverein erschuf dieses Areal Anfang der 1930er-Jahre, damit die Stadtbewohner einen Ort in der Natur haben, an dem sie sich erholen können.

TIPP

Schlittenfahren mit Aussicht: oberhalb der Straße Eichhalde ist das im Winter möglich.

- Pferdewiese, Eichhalde, 79104 Freiburg
- ÖPNV: Straßenbahnlinie 4, Haltestelle Hauptstraße, 20 Minuten Fußweg

Einmal quer durchs Leben

45 Kunstvoll – Schönes von Hand

Es gibt Dinge, die sind so einfach und zugleich so nützlich, dass man sich gar nicht vorstellen kann, je ohne sie gelebt zu haben. Der Topfwächter ist so ein Ding. Ein kleines hölzernes Männlein oder Tierchen, das man beim Kochen an den Topfrand klemmt, damit der Dampf entweichen, der Deckel aber nicht verrutschen kann. Der Topfwächter ist nur eines von vielen wunderbaren Dingen, die Birgit Silomon in ihrem Lädchen verkauft. „Kunstvoll" heißt es und ist es. Voller kleiner Kunstwerke, die das Schöne mit dem Nützlichen verbinden. Spültücher beispielsweise können nur praktisch sein, aber auch so hübsch wie jene von Solwang; der Einkaufswageneuro kann ständig verloren gehen oder dank des kleinen „Maulhelden" als ulkiger Anhänger am Schlüsselbund baumeln. Birgit Silomon hat ein wunderbares Gespür, in ihrem Laden die schönsten Geschenke für Kleine und Große zu versammeln. So schön, dass man sie am liebsten selbst behalten möchte. Da gibt es die witzigen Kindershirts aus Biostoffen, detailreiche Kitataschen von „Meisen auf Reisen", Upcycling-Topfuntersetzer aus alten Skateboards und den „Schlüsselroman": ein kultiges Schlüsselbrett aus einem alten Buch.

TIPP
Auf dem Annaplatz gleich um die Ecke lässt es sich herrlich sitzen und gucken.

Viele der Kunstwerke werden in kleinen Manufakturen handgefertigt: der Knopfschmuck aus Hamburg etwa oder die langlebigen bunten Taschen aus japanischem Wachstuch. Vieles stammt direkt von Freiburger Künstlerinnen: die Fotoklötze von knipsblick etwa. Und einiges stellt die Ladeninhaberin zusammen mit ihrer Mitarbeiterin selbst her: In der Ecke hinter der Tür rattert in ruhigen Phasen die Nähmaschine, und es entstehen Kindermützen und -höschen, individuelle Kleider und Täschchen. Man kann sich sicher sein: Birgit Silomon fällt immer wieder etwas Neues ein.

Das führt die vielen Stammkunden aus dem Viertel regelmäßig ins „Kunstvoll". Und das macht den Laden zu einem echten Glücksort: sich hier mit einer Kleinigkeit selbst beglücken zu können und für jede Gelegenheit ein kleines Mitbringsel oder großes Geschenk zu finden.

- Kunstvoll, Lorettostraße 4, 79100 Freiburg
  www.kunstvoll-vonhand.de
- ÖPNV: Straßenbahnlinie 2, Haltestelle Lorettostraße

BIOBU
BIOBU
[by EKOBO]

Platz an der Sonne

46

Das Schlosscafé auf dem Lorettoberg

Frühstück gefällig? Das ist im Schlosscafé auf dem Lorettoberg ein ganz besonderer Genuss. Im Winter macht man es sich auf der Bank im Gastraum gemütlich, während die Morgensonne durch die Sprossenfenster fällt und einem den Rücken wärmt. Im Frühling genießt man auf der sonnenbeschienenen Terrasse den Blick auf die Stadt und den Schlossberg. Im Sommer laden im großen Garten der Gründerzeitvilla Tischchen und Stühle zum Sitzen ein. Und das Frühstücksangebot ist riesig; hier kann jeder ganz nach seinem Geschmack in den Tag starten: klassisch mit Rührei oder Lachs, Croissant oder Müsli. Alternativ wählt man einen Chia-Pudding mit Himbeeren, eine Matcha-Bowl mit Kiwi und Spinat oder das feine Hausbrot mit Smashed Avocado und diversen Toppings. Wer zum Mittagessen kommt, hat die Wahl zwischen einem vegetarischen und einem fleischhaltigen Gericht. Abendgäste können aus einer Vielzahl an Salaten wählen – besonders lecker ist das Sonnenwirbele (Feldsalat) mit karamellisierten Kernen und Quitte – es gibt Flammkuchen und andere Klassiker der badischen Küche. Neben den Genüssen aus der Küche gibt es im Schlosscafé auch was aufs Ohr: Immer wieder treten kleine feine Bands, Chansonnières und Songwriter hier auf.

TIPP

Der Hildaturm auf dem Gipfel des Lorettobergs bietet tolle Sicht: www.hildaturm.de.

Und wie kommt man zum Schlosscafé? Wer einen knackigen Aufstieg nicht scheut, kann wunderbar zu Fuß auf den Lorettoberg steigen. An der Ecke Loretto-/Mercystraße führt zwischen alten Villen und modernen Neubauten ein Fußweg, der Bergleweg, hinauf. Oben angekommen erblickt man sofort die Lorettokapelle mit dem hübschen Turm. Ihr Name leitet sich vom italienischen Wallfahrtsort Loreto ab und erinnert an die Schlacht von Freiburg, als sich im Dreißigjährigen Krieg hier Bayern und Franzosen gegenüberstanden.

Direkt an der Kapellenmauer stehen schon die ersten Tische des Schlosscafés: Wenn das keine Einladung ist, sich vom Aufstieg zu erholen, die Schönheit des Ortes und die feinen Kreationen aus der Küche zu genießen!

● Schlosscafé, Kapellenweg 1, 79100 Freiburg
www.schlosscafé-freiburg.de

● ÖPNV: Straßenbahnlinien 3 und 5, Haltestelle Reiterstraße, 15 Minuten Fußweg

Freiluftfitness

47 Fit mit Kim auf der Sternwaldwiese

„Genieß das Spiel mit der Balance und finde Ruhe in der Anstrengung.“ Geschmeidig wechselt Kim Erat von einer Yogahaltung zur nächsten. Ihre Bewegungen sind fließend, ihre Stimme klingt sanft, sie lächelt, ist im Flow. Und zack! wechselt sie zu hochintensiven Intervallübungen, zeigt verschiedene Level im sogenannten Surfer Burpee und feuert die Teilnehmenden temporeich an – um wenige Minuten später wieder zur geduldigen Instruktorin zu werden. Die Kombination aus Yoga und sogenannten HIIT-Trainingselementen, die die Mitmachenden abwechselnd (oder gleichzeitig) ins Schwitzen und an ihre Grenzen bringen, nennt sich Athelticflow und ist die Spezialität der Fitnesstrainerin und ihres Partners René Haberstroh, der Kims Anweisungen mit badischen Motivationssprüchen auflockert.

Für Bewegungswillige, die nicht regelmäßig sporteln können oder wollen, für die weder Fitnessstudio noch VHS-Kurs das Richtige sind, macht sie ein tolles Angebot: In den warmen (manchmal heißen) Wochen des Jahres lädt sie mehrmals wöchentlich zum Outdoor-Training auf die Sternwaldwiese am Rande des Stadtteils Wiehre ein. Eine Matte und Motivation – mehr braucht man nicht mitzubringen. Bezahlen soll nur, wer auch wirklich mitmacht und dann auch nur einen kleinen Beitrag. Eine Anmeldung ist erwünscht. Wer ohne kommt, ist trotzdem willkommen. Neben Athleticflow bieten Kim und das „Haberströhle“ auch HIIT- und Tabata-Kurseinheiten auf der Sternwaldwiese an.

TIPP

Auch am Kaiserstuhl inmitten der Weinberge bietet Kim HIIT an – kombiniert mit Wein und Snacks ein echter Genuss.

Wer lieber Ausdauersport mag, kann mit Kim und René auch laufen gehen (kostenlos!). Neben einer regelmäßigen Laufeinheit montagabends an der Dreisam und rund um den Hirzberg gibt's im Sommer alle paar Wochen einen sogenannten Coffee-Run. Der startet freitags um 6.30 Uhr und endet mit einer Wohltat. Nur so viel: Der Name ist Programm. Und die Belohnung am Ende sehr verdient.

- Fit mit Kim, Sternwaldwiese (Waldseestraße), 79117 Freiburg
www.fitmitkim.com
- ÖPNV: Straßenbahnlinie 1, Haltestelle Maria-Hilf-Kirche, von dort ca. 10 Minuten zu Fuß

Wie Urlaub in Andalusien

48 La Pepa, spanisches Restaurant und Tapas-Bar

Es gibt Speisen, in die möchte man sich sprichwörtlich hineinlegen. „La Maceta Andaluza“ ist solch eine Köstlichkeit. Mit „Blumentopf“ wird das Dessert auf der Karte des La Pepa lapidar übersetzt. Und genau das ist es, was der Kellner auf Bestellung bringt: ein kleines Töpfchen gefüllt mit Erde, aus dem ein Zweiglein Minze wächst. Ein kleiner Löffel daneben. Wer es wagt, damit in die unteren Schichten des Töpfchens vorzustoßen, erlebt kulinarischen Hochgenuss: Málaga-Eis, Pannacotta und Baileys verschmelzen darin zu einer süß-herben Creme. Und nein, es ist auch keine Erdschicht, die man sich erlöffelt, es sind zerkrümelte Schokokekse.

Ungewöhnlich und authentisch, ein bisschen chaotisch und ziemlich laut: So lässt sich das La Pepa umschreiben. Wer zum Essen herkommt, fühlt sich sofort in einen Urlaub in Andalusien versetzt – der Heimat von Barchef José Garcia Serrano. Das spanische Team um ihn herum serviert viele feine Fischgerichte: Ceviche zum Beispiel (roher Fisch in einer köstlichen Marinade aus Limettensaft, roten Zwiebeln, Chili und Koriander), Pulpo a la Gallega (Oktopus im Kartoffelbett) und natürlich original spanische Paella mit Tintenfisch, Garnelen und Miesmuscheln. Oder man macht mit den Tapas einen Rundgang durch die spanische Küche: Datteln im Speckmantel, Auberginen mit Honig, frittierte Tintenfischringe. Neben den Gerichten von der ständigen Karte gibt es die beliebten „Recomendamos“ (Empfehlungen der Küche); mal wird Hummus aus Paprika, mal Champignons in einem Sud aus Brandy und Knoblauch serviert. Keine Folklore, sondern aktuelle spanische Küche, wie sie in Madrid oder Barcelona aufgetischt wird. Immer wieder überrascht Küchenchef Alejandro die Gäste. Manchmal geht es richtig experimentell zu, etwa wenn er deutsch-spanische Fusion-Küche wagt. Spätzle mit Chorizo und Manchego kam bei den Gästen sensationell gut an.

Hier stimmt einfach alles: die spanischen Klänge, der herzliche Service, das lebensfrohe Ambiente – und natürlich das großartige Essen.

TIPP
Im Sedanviertel rund ums La Pepa gibt es einige schöne Cafés und Läden.

● La Pepa, Moltkestraße 27, 79098 Freiburg
www.lapepa.de
● ÖPNV: Straßenbahnlinien 1, 2, 3, 4 und 5, Haltestelle Stadttheater

Märchenhaftes Kleinod

49

Der Rehbrunnen

„Wer aus mir trinkt, wird ein Reh. Wer aus mir trinkt, wird ein Reh." Beinahe meint man es aus dem Wasser des Brunnens raunen zu hören, wie es das Schwesterchen im Märchen der Gebrüder Grimm tat. So märchenhaft ist dieser Ort: der Rehbrunnen im Freiburger Stadtwald. Der bronzene Rehbock unter seinem filigranen Baldachin fügt sich dank seiner Patina wunderbar in das Grün der Buchen ringsum. Einst unternahm das Freiburger Bürgertum sonntags vergnügliche Kutschfahrten hierher; während die Damen und Herren der besseren Gesellschaft die frische Waldluft genossen, konnten die Pferde am Brunnen getränkt werden.

Ein Freiburger Bürger hat den Jugendstilbrunnen um die Jahrhundertwende gespendet. Gefertigt wurde die Bronzefigur im Jahr 1913 vom badischen Stuckateur und Bildhauer Ludwig Kubanek, dessen Kunst in Freiburg an verschiedenen Orten zu finden ist: Auch die Figuren auf der markanten Ochsenbrücke und die Wasserträgerin, die heute auf dem Kartoffelmarkt steht, stammen aus seiner Werkstatt. Den Rehbock musste Kubanek gleich zweimal fertigen. Die erste Figur war 1923 gestohlen und zersägt worden. Auch dem zweiten Abguss vom Originalmodell war kein langes Leben beschieden: Er wurde im Zweiten Weltkrieg als Metallspende eingeschmolzen, in den 1960er-Jahren vom Künstler Hermann Geibel jedoch erneut gegossen.

Der Rehbrunnen ist nicht der einzige Glücksort im Wald an der Freiburger Wonnhalde. Wer Muße hat, kann vom Freiburger Waldhaus eine ausgedehnte Runde drehen und dabei eine Menge entdecken und erfahren: Auf dem Pirschpfad gilt es Augen und Ohren offen zu halten und dabei ganz leise aufzutreten. Die hölzernen Kunstwerke von Thomas Rees lassen Einhörner, Drachen und Riesen im Wald lebendig werden. Und in der Waldhängematte schaukelnd lässt es sich herrlich in das grüne Blätterdach blicken und ein wenig dem Grimm-Märchen nachsinnen: „Liebes Rehchen, ich will dich nimmermehr verlassen."

TIPP

Auch in der Gartenanlage Wonnhalde lässt es sich schön spazieren.

- Rehbrunnen, Bodlesauweg, 79100 Freiburg
  www.waldhaus-freiburg.de
- ÖPNV: Straßenbahnlinie 2, Haltestelle Wonnhalde, zum Waldhaus laufen, dann der Beschilderung folgen

Das Glück liegt in der Waffel

50

Freiburgs feinstes Eis: das Hofeis

Ein Eis wie eine Schwarzwälder Kirschtorte: mit cremiger Sahne, frischer Frucht und knackiger Schokolade. Das ist eine der beliebtesten Sorten in der Eisdiele „Hofeis" in der Bertoldstraße. Und diese Sorte steht zugleich stellvertretend für den Gedanken, aus dem das Hofeis geboren wurde. Ein Eis ganz ohne chemische Zusätze, dafür mit frischer Weidemilch aus dem Schwarzwald. Ein Eis, das selbst gemacht schmeckt und selbst gemacht ist. Mit dieser Idee startete Matthias Rothacher 2013 in die Eisherstellung. Bis dahin hatte der Gastronom in seiner Hofwirtschaft im Freiburger Tiergehege Mundenhof konventionelles Eis verkauft – und war zunehmend unglücklich damit. Zu viel Chemie, zu wenig Geschmack. Er wollte ein Eis aus regionalen Zutaten, qualitativ hochwertig und traditionell hergestellt. So startete er auf dem Mundenhof – nicht weit von den Pferdegehegen – zusammen mit einem Eismeister die Eisproduktion.

TIPP

Auch lecker: Waffeln und Crêpes in der Innenstadt-Filiale.

Und das Hofeis kam an: Natürlich bei den vielen Kindern, die täglich die Tiere auf dem Mundenhof besuchen. Aber auch bei allen anderen Altersklassen – zumal in einer Stadt, in der die Menschen stärker als anderswo auf Regionalität und Nachhaltigkeit achten. Die Freiburgerinnen und Freiburger schleckten das Eis zunächst auf dem Mundenhof, während sie an den Tiergehegen vorbeischlenderten. Dann kam die Eisdiele in der Stadt dazu, und man genießt das Eis seitdem auch während des Stadtbummels. Die Nachfrage wuchs weiter, sodass das Hofeis-Team inzwischen mit vielen Food-Trucks durch die Region zieht und es das Eis auch in die Kühlregale des Einzelhandels geschafft hat.

Trotz dieses Erfolgs bleibt sich das Hofeis treu. Hier gibt es kein knallblaues Schlumpfeis oder Marshmallow-Topping, sondern Eis wie von Großmutter selbst gemacht: locker-leichtes Joghurt- oder cremiges Nusseis, fruchtiges Erdbeer- oder erfrischendes Zitronensorbet – und natürlich Omas Apfelkucheneis. Frei nach der Devise: Das Glück liegt fast immer in den einfachen Dingen.

● Hofeis-Eisdiele, Bertoldstraße 12, 79098 Freiburg
www.hofeis.com
● ÖPNV: Straßenbahnlinien 1, 2, 3 und 4, Haltestelle Bertoldsbrunnen

DEINE PORTION GLÜCK
hofeis.de

Glühwein & Geschenkideen

51 Auf dem Freiburger Weihnachtsmarkt

In der einen Gasse duftet es verführerisch nach puderbezuckerten Waffeln. Hinter der nächsten Ecke lässt einem der Geruch nach würzigem Raclettekäse mit gerösteten Zwiebeln das Wasser im Mund zusammenlaufen. Ob Käsespätzle, Kartoffelpuffer oder Kaiserschmarrn: Das kulinarische Angebot ist so vielfältig und bunt wie das Publikum auf dem Freiburger Weihnachtsmarkt. Da vermischen sich badische mit schwäbischen Dialekten, hört man Gruppen, die sich auf Französisch, Italienisch, Russisch oder Schweizerdeutsch unterhalten. Sie alle kommen wegen der besonderen Atmosphäre des Weihnachtsmarktes und der großen Auswahl an den mehr als 100 Ständen. Geschenkideen gibt es jede Menge: Die Großtante freut sich sicherlich über ein Glas süßen Stadthonig, die Schwiegermutter sucht schon lange nach fliederfarbenen Pulswärmern aus Wolle, für den Bruder ist der Schwarzwälder Schinken genau das Richtige. Für die Nichte gibt's einen kuscheligen Teddy, das kniffelige Denkspiel ist für den besten Freund bestimmt. Und obwohl zu Hause schon fast jede Ecke weihnachtlich dekoriert ist, muss das hübsche gläserne Glitzerengelchen mit. Ob der bunte Leuchtstern wohl noch in die Tasche passt und ein Plätzchen am Fenster für ihn freigeräumt werden kann? Unbedingt!

TIPP

Original Nürnberger Lebkuchen gibt's auf dem Markt in der Franziskanerstraße.

Wer mehr als nur einkaufen und schlemmen möchte, kann auf dem Freiburger Weihnachtsmarkt selbst aktiv werden und Kerzen ziehen oder eine Runde im Freiburger Weihnachtsrad drehen. Für die kleinen Besucher gibt es eine Plätzchenbackstube und ein Kinderkarussell. In der St.-Martins-Kirche am Rathausplatz können die Gäste täglich am frühen Abend bei Adventsimpulsen innehalten und den Vorweihnachtstrubel kurze Zeit vergessen. Wer sich auf Weihnachten einstimmen möchte, dem sei ein Besuch des Weihnachtsmarkts wärmstens empfohlen. Einen besonderen Glücksmoment beschert auf dem Rathausplatz inmitten des Getümmels der Blick nach oben: Der Lichterglanz in den Bäumen ist einfach atemberaubend.

- Freiburger Weihnachtsmarkt auf dem Rathausplatz, dem Kartoffelmarkt, in Unterlinden und der Franziskaner- sowie der Turmstraße.
- ÖPNV: Straßenbahnlinien 1, 2, 3 und 4, Haltestelle Bertoldsbrunnen oder Linie 5, Haltestelle Fahnenbergplatz

Herrlich, diese Blütenpracht!

52

Ein Ort für alle: der Stadtgarten

Ein verliebtes Pärchen schießt Selfies. Eine kinderreiche Familie breitet ein üppiges Picknick aus. Eine Gruppe Studenten spielt Wikingerschach. Zwei Frauen üben den Sonnengruß, und drei Hochbetagte schieben einträchtig ihre Rollatoren vor sich her: Die Kulisse für all diese Menschen ist der malerische Stadtgarten. Dieser innerstädtische Park ist generationenübergreifend beliebt – und das aus guten Gründen. Einer ist sicherlich die üppige und vielfältige Bepflanzung. Der alte Baumbestand spendet an heißen Tagen wohltuenden Schatten, die Rosen- und Staudenbeete erfreuen durch ihre Farbenpracht. Die großen Wiesenflächen lassen sich prima für die unterschiedlichsten Freizeitaktivitäten nutzen – und sei es einfach nur fürs Faulenzen. Kinder freuen sich über den großen Teich, auf dem Enten ihre Runden ziehen, und sausen jauchzend die Rutschen auf dem Spielplatz hinunter.

Manche Besucher kommen am liebsten, wenn im Musikpavillon inmitten des Gartens Veranstaltungen stattfinden. Das sind übrigens nicht nur Konzerte, sondern beispielsweise Artistik-Auftritte oder einmal jährlich das Open-Air-Theater-Sport-Festival. Andere Gäste schätzen besonders, dass man vom Stadtgarten einen so großartigen Blick auf das Freiburger Münster hat – im Frühjahr mit Narzissen im Vordergrund, im Sommer mit Petunien und im Herbst mit Chrysanthemen. Apropos Blumen: Der Stadtgarten ist immer am Ende des Winters, oft schon Anfang Februar, einer der ersten Orte, an denen unzählige Krokusse den Freiburger Frühling einläuten. Wenn dann einige Wochen später die stattlichen Bäume im Stadtgarten blühen und sich die Magnolien in ihrer ganzen Pracht zeigen, gibt es kaum einen herrlicheren Ort in der Stadt. Kaffeetrinken unterm Blütendach ist auch möglich: Direkt im Stadtgarten befindet sich das beliebte Café Marcel, das Getränke und Snacks anbietet und für seinen hervorragenden Kaffee bekannt ist.

TIPP

Im Stadtgarten befindet sich die Talstation der Schlossbergbahn. Gute Fahrt!

- Stadtgarten, im Stadtgarten 1, 79098 Freiburg
- ÖPNV: Straßenbahnlinien 4 und 5, Haltestelle Europaplatz

Die Welt verändern

53 Das Theater Freiburg

Eine Qualle tanzt vorüber, öffnet und schließt sich wie ein Schirm, die Tentakel schwingen in der Bewegung der Wellen. Wir sind in der Tiefsee, im Reich des Meerkönigs. Wir schwimmen mit der zauberhaften kleinen Meerjungfrau, kichern mit dem Kugelfisch und bangen mit dem armen Fischerjungen Pip. Dem Theater Freiburg gelingt es zu jeder Saison aufs Neue, große und kleine Besucher zu begeistern und zu bewegen – insbesondere mit den Familienstücken. Hier wirken alle mit besonders viel Liebe zum Detail mit: Bühnen- und Kostümbildner, Musiker und Choreografen, Regisseure und natürlich die Schauspieler. Schon wenn man das mächtige Haus im neobarocken Stil betritt, durch das weite Foyer wandert und in die samtenen roten Sessel sinkt, lässt man den Alltag hinter sich. Egal ob Schauspiel oder Musiktheater, Tanz oder Konzert – das breite Spektrum des ältesten und größten Theaters der Stadt bietet für jeden etwas.

Es ist das beseelte Strahlen, das Leuchten in den Augen, das beweist, wie nah das Theater den Kindern und ihrer Gefühlswelt kommt. Und nicht nur den Kindern. Auch die Großen lassen sich von der schrillen Meerhexe verführen – und freuen sich, welch neuen Schwung das Kunstmärchen von Hans Christian Andersen hier bekommt: Der Prinz ist ein Fischerjunge, nicht die Meerjungfrau steigt aus dem Wasser, sondern er taucht ein in die prachtvolle Unterwasserwelt. Und das Theater Freiburg wäre nicht es selbst, wenn nicht auch die Meerjungfrau mit einer Botschaft aufwarten würde: Schützt unsere Meere!

Botschaften in die Stadt hinausschicken, das war immer ein Anliegen des Theaters – vor allem unter der Intendantin Barbara Mundel. Unter dem neuen Intendanten Peter Carp möchte das Theater Freiburg mehr „Weltempfänger" sein: Regisseurinnen und Regisseure aus aller Welt in die Stadt holen, die den Horizont der Zuschauer weiten. Frei nach dem Satz des Philosophen Manfred Hinrich: „Bühne, Bretter, die die innere Welt verändern."

TIPP

Blick hinter die Kulissen: Einmal im Monat bietet das Theater eine öffentliche Führung an.

- Theater Freiburg, Bertoldstraße 46, 79098 Freiburg
  www.theater.freiburg.de
- ÖPNV: Straßenbahnlinien 1, 2, 3, 4 und 5, Haltestelle Stadttheater

Am und im Fluss

54 Grillen und chillen an der Dreisam

Laue Frühlings- und Sommerabende gibt es in Freiburg glücklicherweise viele. Und sie sind ideal, um auszuschwärmen. Einige Freiburger besuchen dann gerne einen Biergarten. Manche setzen sich auf die Sternwaldwiese. Und andere, sehr viele andere zieht es an die Dreisam. Vom östlichen Stadtteil Littenweiler bis zum westlichen Stadtteil Lehen lassen sie sich am Flussufer nieder: in kleinen oder größeren Gruppen, auf mitgebrachten Decken, Campingstühlen oder – ja, richtig – alten Sofas. Immer dabei ist der mobile Holzkohlegrill für Gemüsespieße oder Würstchen, die gerne auch aus Tofu sein dürfen. Die Dreisam fungiert in den Sommermonaten nicht selten als Freiburgs größter Kühlschrank und hält die Getränke frisch. Musik aus der Anlage oder selbst gespielt auf der mitgebrachten Gitarre, Hängematten, Spiele, Tische und Stühle – viele nutzen das Dreisamufer als Open-Air-Wohnzimmer. Wenn es so heiß ist, dass selbst ein kühles Bier nicht mehr hilft, wird der Fluss zum Schwimmbad – Badehose und Handtuch genügen.

TIPP

Für Romantiker: Den Sonnenuntergang an der Dreisam genießen.

Der Fluss ist den ganzen Tag über belebt und auch bei Familien beliebt. Wo lässt es sich schöner selbst gebaute Flöße anschubsen oder surfende Enten und Fische suchende Graureiher beobachten? Besonders beliebt sind in den warmen Monaten vor allem drei Plätze: das Areal der renaturierten Dreisam nahe des alten Stadions an den Kartauswiesen, wo gelegentlich auch ein Eiswagen Station macht. Weiter flussabwärts tummeln sich auf Höhe der Innenstadt viele am Ufer. Hier gibt es mit dem Café Extrablatt auch ein Lokal, das sogar Liegestühle bereithält. Und noch weiter westlich nahe der Gaskugel im Stadtteil Betzenhausen reihen sich an so manchem Sommerabend Picknickdecke an Picknickdecke und Grill an Grill. Man ist sich nah und kommt sich näher: Ja, beim Chillen und Grillen an der Dreisam werden Freundschaften geschlossen, Zärtlichkeiten ausgetauscht, Zukunftspläne geschmiedet; es wird gegessen, genossen, gesungen und gelacht.

● Die Dreisam zieht sich von Osten nach Westen durch die Stadt.

Der Zauber des Waldes

55 Die Sägemännle oberhalb von Littenweiler

Es ist still. Wir haben den belebten Waldsee zurückgelassen, das Stimmengewirr und die Straßen der Stadt. Nachdem wir den breiten Waldweg verlassen haben, wandern wir auf weichem Waldboden, ringsum nur Sträucher und Farne, Eichen und Buchen. Wir sind angekommen im stillen Herzen der Natur. Aber dann? Bingbingbing. Zuerst noch ganz leise, dann langsam heller erklingt ein bezauberndes Glöckchengeläut. Der Weg windet sich, wir überqueren ein schmales Bächlein. Da blitzt etwas Rotes zwischen den Zweigen hindurch. Man hat unweigerlich das Bedürfnis, ganz sachte aufzutreten, sich nur langsam anzunähern, um den Zauber nicht zu stören. Drei Sägemännle, kleine hölzerne Figuren, sind es, die den Wald so märchenhaft erklingen lassen. Die Kraft eines kleinen Baches treibt ein Wasserrad an, lässt die Männchen unermüdlich ihre Säge bewegen und gleichzeitig das helle Glöckchen erklingen.

TIPP

Wer den Weg zu den Sägemännle weiterwandert, kommt zum Waldrestaurant St. Barbara.

Es ist ein Ort wie geschaffen, um Kraft zu schöpfen in der Einsamkeit des Waldes. Kaum jemand findet den Weg hierher, weiß, welches Kleinod sich zwischen den langen Wedeln des Farns verbirgt. Ab und zu läuft ein Jogger vorbei, hin und wieder machen ein paar Wanderer hier Rast oder bestaunt eine Kindergruppe die reizenden Männle. Meistens aber ist man allein. Also: Aufs Bänkchen setzen, die Augen schließen und der Sinfonie von Wald, Wasser und Glöckchen lauschen!

Schon mehr als 50 Jahre stehen die liebenswerten Männlein hier im St.-Barbara-Wald, viele Freiburger waren einst als Kind auf ihren Spuren unterwegs und kommen nun als Erwachsene mit Kindern oder gar Enkeln wieder. Der Zahn der Zeit nagt natürlicherweise an den Figuren, jedoch finden sich seit jeher eine Familie, ein Handwerker oder eine Schulklasse aus dem Stadtteil Littenweiler, um die fleißigen Sägemännle zu hegen und pflegen – sodass dieses Kleinod noch viele Jahre den Wald und seine Besucher verzaubert.

- Sägemännle, Wald oberhalb von Littenweiler, 79117 Freiburg
- ÖPNV: Straßenbahnlinie 1 bis Musikhochschule, Mösle- und Waldseestraße folgen, rechts den Waldweg (Schützenhausweg) hinauf, links zu Sägemännle abbiegen

Schmökern & schwelgen

56 Das Historische Kaufhaus

Nirgends kann man in Freiburg schöner in alten Büchern schmökern und nach antiquarischen Schätzen stöbern als unter den Arkaden des Historischen Kaufhauses. Das prächtige Gebäude ist eindeutig das schönste am Münsterplatz: die dunkelrote Fassade, die verzierten Erkertürmchen und die bunten Ziegel machen es zu einem Blickfang für alle, die über den Marktplatz schlendern. Im Schatten der Arkaden baut wochentags ein Antiquar seinen Buchstand auf. Dann liegen auf den steinernen Fenstersimsen und Regalen Hunderte von Büchern: mal stöbert man ein Buch zur Freiburger Stadtgeschichte auf, mal einen künstlerischen Fotoband, mal einen lang vergessenen Roman. Und immer wieder entdeckt das Auge ein weiteres kunstvolles Detail an dem historischen Gebäude. Das Kaufhaus wurde zwischen 1520 und 1532 erbaut und diente zunächst dazu, Waren einzulagern und abzufertigen, wurde im Lauf der Jahre immer weiter ausgeschmückt und umgestaltet.

TIPP
Süß: Gleich neben dem Kaufhaus bietet die Honig-Galerie ihre feinen Produkte an.

Heute ist das Historische Kaufhaus repräsentativer Veranstaltungsort der Stadt und ein Ort der Kunst – zugänglich nur im Rahmen von Konzerten oder Lesungen. Und diese Gelegenheit sollte man unbedingt nutzen, um das Schmuckstück auch von innen kennenzulernen. Wer Freude an klassischer Musik hat, kann im festlichen Ambiente des Kaisersaals Streichquartetten lauschen, Klavierabende oder wunderbare Konzerte der Camerata Vokale Freiburg besuchen und die fantastische Akustik des Saales genießen. Der kleinere Kaminsaal beeindruckt mit seinem mächtigen Kamin aus dem 15. Jahrhundert. Die Kaufhaus-Serenaden bringen regelmäßig sanfte Kammerklänge hierher. Im Rokokosaal spannen sich detailreiche Deckenornamente über die Besucher. Der idyllische Innenhof lädt besonders im Sommer zum Verweilen ein, bei schönem Wetter finden Konzerte auch unter freiem Himmel statt. Außerdem wird das mächtige Tor zum Innenhof in der Ferienzeit zur Freiburger Weinkost geöffnet; dann laden Freiburger Winzer ein, ihre Tröpfchen in dieser wunderbaren Atmosphäre zu genießen.

- Historisches Kaufhaus, Münsterplatz 24, 79098 Freiburg
  www.historischeskaufhaus.freiburg.de
- ÖPNV: Straßenbahnlinien 1, 2, 3 und 4, Haltestelle Bertoldsbrunnen

Im Schein von Fackeln

57

Das Waldrestaurant St. Valentin

St. Valentin, das klingt doch schon nach einem verträumten Ort für Verliebte, nach Idylle und Romantik. Und genau das trifft auf das urige Waldrestaurant zu. Abgeschieden oberhalb des Ortsteils Günterstal gelegen, versteckt es sich zwischen hohen Bäumen und will von Wanderern und Ausflüglern erst erobert werden. Einst stand hier eine kleine Kapelle mitten im Wald, St. Valentin gewidmet, dem Bischof von Terni, der trotz kaiserlichen Verbots Liebende traute und dafür mit dem Tod bezahlen musste. Seitdem besuchten Pilger das abgeschiedene Kirchlein. Um sie zu verpflegen, gründeten alsbald Waldbrüder eine kleine Wirtschaft. Die Kapelle steht nicht mehr, dafür der Gastraum im denkmalgeschützten, 400 Jahre alten Gebäude.

Aber nicht nur Verliebte haben es hier schön. Ob Studentengruppen oder Familien, Paare oder Freunde – alle genießen es, in die behagliche Stube einzukehren. Am schönsten ist das, wenn man nach einer Wanderung durch den Wald – von der Wiehre oder von Günterstal herauf – hier ankommt. Im gemütlichen Gastraum wärmt man sich auf, schaut durch die kleinen Sprossenfenster hinaus auf den Vorplatz, wo lodernd ein Feuer brennt, und genießt eine der Spezialitäten der Küche: ein kräftiges Käsefondue mit allerlei Beilagen, herzhafte Pfannkuchen oder die berühmte „Scharfe Paula", ein Schweinesteak gefüllt mit Schinken und Käse, dazu würzige Tomatensoße und Brägele, wie die Bratkartoffeln auf Badisch genannt werden. Das Servicepersonal im Valentin ist besonders aufmerksam um das Wohl aller Gäste bemüht. Und das Team hält noch etwas anderes bereit: Wer sich aufgewärmt und gut gestärkt hat, kann mit Fackeln ausgestattet durch den Wald zurück in die Stadt wandern.

TIPP

Weil die Gaststube klein ist, sollte man im Winter einen Tisch reservieren.

Aber nicht nur in der kalten Jahreszeit ist das Valentin ein idealer Zufluchtsort. An heißen Sommertagen bietet die Terrasse mit ihren hohen Bäumen ein lauschiges Plätzchen, um sich zu erfrischen. Dann genießen die Ausflügler ein „Valentiner Schmankerl": ein Stückchen Apfel- und Heidelbeerpfannkuchen mit Vanilleeis und Espresso.

- St. Valentin, Valentinstraße 100, 79100 Freiburg
  www.sanktvalentin.eu
- ÖPNV: Straßenbahnlinie 2, Haltestelle Wiesenweg, dann zu Fuß durch den Wald nach St. Valentin

mit zahlreichen Belagen
0,25 3,50.-€
Coca-Cola
PASTA
Pasta

Augen schließen, genießen

58 Kleine Auszeit im Kosmetikinstitut

Mit der Jacke und den Schuhen streifen die Besucher den Alltag ab. In den hübsch eingerichteten Räumen des Kosmetikinstituts Haut und Seele, auf einer bequemen Liege, eingehüllt in eine warme, flauschige Decke, fällt es nicht schwer, alle Sorgen los und sich verwöhnen zu lassen. Zum Wellnessprogramm gehören eine angenehme Kopfmassage und ganz viel Entspannung für die Haut. Auf die Reinigung folgen ein sanftes Peeling, eine wohltuende Gesichtsmassage und eine erfrischende Maske. Das nach Kamille duftende Kräuterdampfbad führt zu absoluter Entspannung. Getragen von leiser Musik im Hintergrund, anregenden Gerüchen und sanften Berührungen stellt sich ein großes Wohlgefühl ein. Hach, hier möchte man den ganzen Tag verbringen. Doch viel zu schnell ist das Glücksstündchen vorüber. Wobei – noch nicht ganz: Denn wer am Ende wieder in Schuhe und Jacke schlüpft, nimmt ein frisches und entspanntes (Haut-)Gefühl mit, das mehrere Tage anhält.

Im Kosmetikinstitut Haut und Seele wird ausschließlich mit Naturkosmetik gearbeitet. Inhaberin Olesea Postica legt größten Wert auf natürliche Inhaltsstoffe und bietet auch Dr.-Hauschka-Behandlungen an, zu der Lymphstimulationen gehören. Wer sich fragt, was die Haut mit der Seele zu tun hat, findet im Institut übrigens die Antwort. Nach der Behandlung strahlt nicht nur die Haut, sondern eben auch die Seele. Olesea Postica ist der Entspannungseffekt ihrer Kundinnen äußerst wichtig. Sie sollen mehr mitnehmen als weiche, gepflegte Haut. Und das tun sie definitiv! Wie gut doch so eine kleine Alltags-Auszeit tun kann!

Neben klassischen Gesichtsbehandlungen bietet die Glücklichmacherin auch Dekolleté-, Fuß-, Hand-, Rücken- oder Ganzkörpermassagen und Anti-Aging- oder Detox-Behandlungen an. Weil sich immer mehr Kunden etwas Gutes tun und in den Genuss einer Kosmetikbehandlung kommen möchten, hat das Institut spezielle Angebote, auch für Männer.

TIPP

Erst entspannen, dann einkaufen: Im Shopping-Center Schwarzwald City ist das möglich.

● Kosmetikinstitut Haut & Seele, Schiffstraße 5 (im Gebäude der Schwarzwald City), 79098 Freiburg, www.kosmetik-hautundseele.de
● ÖPNV: Straßenbahnlinien 4 und 5, Haltestelle Europaplatz

Gaumenfreuden für Genießer

59 Das Café Förster Max im Stadtteil Wiehre

Eis oder Törtchen? Fruchtig oder cremig? Egal, wofür man sich entscheidet, bei Förster Max schmeckt's immer großartig. Inmitten des ersten Pandemie-Sommers hat der in der Spitzengastronomie ausgebildete Koch und Patissier Johannes Dilger die Eisdiele eröffnet, deren Name an seinen Großvater erinnert. Von Opa Max hat Enkel Johannes gelernt, wie wichtig es ist, die Natur zu schätzen und zu schützen. Deshalb stehen natürliche Zutaten bei ihm an erster Stelle. Alle Eissorten und das Gebäck sind frei von Zusatz- und Konservierungsstoffen, viele Produkte sind regional und saisonal, einige baut er selbst an. Für Dilger ist es selbstverständlich, dass im Frühling Erdbeeren sein Eis veredeln, im Sommer Pfirsiche nicht fehlen dürfen und zum Herbst Zwetschgen gehören. Am Ende gibt es aber nicht einfaches Fruchteis, sondern edle Sorten wie Erdbeer-Fichtensorbet, für das der Chef höchstpersönlich Fichtensprossen sammelt, oder Germknödel-Vanille-Zwetschgenröster. Experimentierfreude zeichnet Johannes Dilger auch beim Backen aus. Schon mal ein Rosmarin-Aprikosenmarmelade-Tartelett mit Bittermandelganache probiert? Oder Gugelhupf mit Rumrosinen und Orangenblüte? Das Sortiment ist klein, aber fein. Immer wieder schafft Dilger neue Geschmackserlebnisse und bringt seinen Gästen auch Früchte näher, die zwar regional, aber vielen unbekannt sind, wie Felsenbirne oder Schlehdorn.

Ein Genuss ist ein Besuch bei Förster Max aber nicht nur wegen der süßen Sünden, sondern auch, weil das Café durch sein Ambiente besticht. Gemeinsam mit seiner Geschäftspartnerin Anke Ruß-Gall hat Johannes Dilger die hellen Altbauräume mit viel Liebe zum Detail eingerichtet. Seit Herbst 2022 gehört zu Förster Max auch eine Chocolaterie mit unwiderstehlichen Pralinen, die von Oktober bis Mai geöffnet ist. Einziges Manko des „Försters" ist der nicht gerade zentrale Standort im Stadtteil Wiehre. Wir versprechen aber: Dieses Café ist jeden Umweg wert. Und irgendwie müssen die Kalorien ja auch wieder runter.

- Förster Max, Dreikönigstraße 46, 79102 Freiburg, www.foerstermax.de
- ÖPNV: Straßenbahnlinie 1, Haltestelle Brauerei Ganter, von dort 6 Minuten Fußweg

Grüne Idylle

60 Tretbootfahren auf dem Waldsee

Nicht weit entfernt vom Zentrum des Stadtteils Oberwiehre, wo im gleichnamigen Einkaufszentrum, auf dem Alten Messplatz und dem Musikhochschul-Campus das Leben pulsiert, befindet sich ein kleines, entschleunigendes Naturparadies: der Waldsee. Umgeben von stattlichen Eichen und Buchen, fernab vom Lärm und der Hektik der Stadt treffen sich im Park um den See Spaziergänger, Jogger – und sogar Bootsfahrer. An schönen Sommertagen ist der Tretbootverleih besonders beliebt, und die Besucher müssen Schlange stehen, um eine Runde auf dem See drehen zu können. Doch das Warten lohnt sich: Was gibt es Schöneres, als sich durch die grüne Idylle treiben zu lassen? Entlang des Ufers spenden die dichten Baumkronen wohltuenden Schatten. Die vom Treten angestrengten Füße lassen sich prima im Wasser abkühlen: Eine Bootstour ist deshalb hervorragend geeignet für heiße Sommertage – und davon gibt es in Freiburg glücklicherweise sehr viele.

TIPP

Nicht weit weg: der Minigolfplatz am Möslepark.

Auf der Westseite des Waldsees, der einem ganzen Stadtviertel seinen Namen gibt, befindet sich ein hübscher Pavillon. Auf der Nordseite gibt es mehrere Ruhebänke und direkt am Ufer einen kleinen Wiesenstreifen – gerade breit genug, um dort picknicken zu können. Genau dazwischen schmiegt sich die große Sonnenterrasse des gleichnamigen Restaurants – übrigens eine beliebte Hochzeits-Location – an den Waldsee. Im Sommer ist dieses Lokal ein beliebter Treffpunkt der Freiburger. Und das nicht nur an sonnigen Nachmittagen. Denn: Sonntagmorgens gibt es hier einen leckeren Brunch, regelmäßig sogar in Kombination mit Open-Air-Konzerten. Mehrmals monatlich locken abendliche (Jazz-)Konzerte, dienstags bis freitags gibt es einen günstigen Mittagstisch, regelmäßig viergängige Überraschungsmenüs und immer wieder neue kreative Kreationen, auch zum Nachtisch. Wie wär's zum Beispiel mit einem Haselnusseis auf Schokoladen-Panna-Cotta? Eben! Erst paddeln, dann schlemmen. Was will man mehr?

- Waldsee, Waldseestraße 84, 79117 Freiburg
  www.waldsee-freiburg.de
- ÖPNV: Straßenbahnlinie 1, Haltestelle Musikhochschule

Bunt & frisch

61

Das Restaurant Küchenschelle

Die Küchenschelle wächst im Schrebergarten. Klar. Diese Küchenschelle in der Gartenanlage zwischen den Freiburger Stadtteilen Stühlinger, Betzenhausen und Haslach aber ist ein ganz besonderes Gewächs: das Restaurant mit den blumigsten Nachspeisen, dem hübschesten Garten und der verspieltesten Einrichtung in ganz Freiburg. Gesine Pumplün serviert in der Küchenschelle wunderbare Frühstücksvariationen, deftige Vesper, badische Küche mit Pfiff und eine farben- und formenreiche Auswahl an Nachspeisen und Torten. Die sind nicht nur sehr lecker, sondern auch wahre Kunstwerke: das Toblerone-Mousse schimmert schokoladig unter frischen Beeren und Blüten hervor, Röschen zieren die Rübli-Karamell-Torte, Pfannkuchentorten erreichen unglaubliche Höhen und die Waldbeertorte verschwindet beinahe unter einer Schicht aus Blau-, Erd- und Himbeeren. Genauso einladend und verspielt wie die Desserts ist auch die Küchenschelle selbst: Tische mit Patina, Emailletöpfe als Dekoelemente, Zuckerdosen mit Goldrand und kuschelige Felle verströmen Gemütlichkeit.

TIPP
Ob zum Frühstück oder Abendessen: unbedingt einen Tisch reservieren!

Mindestens ebenso schön wie im Gastraum sitzt man im Sommer im Garten: unterm Sonnenschirm auf der Terrasse, auf schnörkeligen Metallstühlen direkt auf der Wiese oder in der Hollywoodschaukel. Wenn die Sonne langsam untergeht, leuchten in den Bäumen die Lichterketten auf.

Gesine Pumplün hat mit der Eröffnung der Küchenschelle auch ihren grünen Daumen entdeckt, Stauden gepflanzt, Zwiebeln gesteckt, Hochbeete angelegt – und darum ist ein Restaurantbesuch hier nicht nur ein Genuss für den Gaumen, sondern auch fürs Auge. Der Garten ist zudem Lieferant für die Küche: Kräuter wandern direkt aus dem Beet in den Topf, Veilchen und Gänseblümchen verleihen den Desserts Farbtupfer. Irgendwann sollen auch Bergpfirsich und Birnen, Äpfel und Kirschen aus der neu angelegten Obstbaumallee in Form von Kuchen auf den Tisch kommen. So lange kann man sich an ihrer Blüte und ihrem Reifen erfreuen.

- Küchenschelle, Bissierstraße 2a, 79114 Freiburg
www.kuechenschelle-freiburg.de
- ÖPNV: Straßenbahnlinie 3, Haltestelle Bissierstraße

PIMM'S

Ein Fest für Feinschmecker

62

Die Genussmesse Plaza Culinaria

Das erste Novemberwochenende ist für Gourmets in Freiburg immer ein ganz besonderes, denn da dürfen sie nach Herzenslust schlemmen, schlürfen und schnabulieren. Die Genussmesse Plaza Culinaria lockt jedes Jahr Tausende Besucher in die Messehallen. Probieren ist erlaubt, nein sogar erwünscht: Viele Anbieter zeigen sich großzügig und stellen Versucherle bereit. Verführerische Düfte empfangen das Publikum deshalb schon gleich am Eingang. So manchem Besucher fällt es schwer, sich zu entscheiden, was er zuerst kosten soll. Ein Stück Käse, ein Törtchen, einen Aperitif? Die Produktpalette verändert sich jedes Jahr ein bisschen, es gibt aber auch Aussteller, die regelmäßig dort anzutreffen sind. Das Angebot reicht vom veganen Brotaufstrich aus Übersee, über süßen Honig aus dem Allgäu, feurige Gewürze aus Fernost und fruchtige Oliven aus Frankreich bis hin zu würziger Salami, aromatischem Kaffee und knusprigen Cantuccini aus Italien. Natürlich gibt es auch viele Produkte aus der Region zu kaufen – und zu probieren: etwa im Schwarzwald hergestellte Konfitüre, in Freiburg gebackene Brotspezialitäten oder am Kaiserstuhl gewachsene und gereifte Weine.

Wer nicht gerne stehend snackt, der kann sich an einem der zahlreichen Tische nieder- und sich bedienen sowie verwöhnen lassen. Für Freunde der gehobenen Küche gibt es exquisite Menüs; für begeisterte Hobbyköche jede Menge Inspiration – in Form etlicher Kochzeitschriften oder durch Kochvorführungen auf der Showbühne. Immer wieder gelingt es den Messemachern, prominente Köchinnen und Köche für diese Events zu gewinnen.

Ergänzend zum Food-Bereich gibt es in den Messehallen einige Stände mit Dekoration wie hübsch verzierte Lichterketten, mit Liebe zum Detail gefertigte Engelsfiguren und filigrane Näharbeiten. Egal ob man sein Glück in Schokolade, Spirituosen oder Seidenschals findet – auf der Plaza Culinaria kommt man auf den (guten) Geschmack.

TIPP

Lust auf Kakaokonfekt? Dann unbedingt Goufrais probieren!

- Plaza Culinaria, immer am ersten Novemberwochenende, Neuer Messplatz, 79108 Freiburg, www.plaza-culinaria.de
- ÖPNV: Straßenbahnlinie 4, Haltestelle Technische Fakultät

Durchs Ohr direkt ins Herz

63

Jazzhaus-Singalong mit Cécile Verny

400 Menschen singen gefühlvoll den „Sound of Silence" von Simon and Garfunkel. Nach dem letzten Takt ist es mucksmäuschenstill im Gewölbekeller des Freiburger Jazzhauses. Ein Gänsehautmoment. Die Menge ist ergriffen. Dann brandet der Applaus auf. Das nächste Stück ist John Denvers „Leaving on a Jetplane". Viele Gäste müssen die auf zwei Leinwände projizierten Textzeilen nicht mitlesen. Sie schmettern auswendig und ausgelassen ihr „oh Babe, I hate to go". Egal ob einfühlsam bei „Feel" oder euphorisch bei „Flashdance" – die Stimmung beim Singalong ist fantastisch. Jedes Mal aufs Neue. Cécile Verny gibt dem Abend ein Gesicht und eine Stimme. Und was für eine! Die charmante Sängerin leitet die Gäste beim Singen an, animiert sie zu Dynamik und lässt sie strahlen. Begleitet wird sie vom Jazzpianisten Christian Gutfleisch, der seinen Teil zu einem gelungenen Abend beiträgt. Die Bandbreite der gesungenen Lieder reicht von Queen-Klassikern bis zu aktuellen Chart-Hits, auch Publikumswünsche werden gerne erfüllt. So bunt gemischt wie das Repertoire sind auch die Gäste: Da sind Freundinnen, die sich einen Mädelsabend im Jazzhaus gönnen und in der Singpause einen Cocktail schlürfen; Pärchen, die sich bei Liebesliedern nur schwer zwischen singen und küssen entscheiden können; begeisterte Hobbysänger, die ganz in der Musik aufgehen. Manche summen mit geschlossenen Augen im Hintergrund. Andere singen ohne jede Hemmung im Vordergrund. Hier darf jeder mitmachen, niemand muss sich genieren. Cécile Verny ermuntert dazu, mutig zu sein.

Es ist offensichtlich: Singen macht glücklich. Wer das nicht glaubt, muss unbedingt zum Singalong gehen und sich mitreißen lassen. Drei Dinge nehmen die Besucher am Ende mit: die Erinnerung an einen wunderschönen Abend, ein breites Lächeln im Gesicht und ein fröhliches Lied auf den Lippen.

TIPP

Das Jazzhaus bietet das ganze Jahr über ein tolles Programm.

- Jazzhaus-Singalong im Jazzhaus Freiburg, Schnewlinstraße 1, 79098 Freiburg
- ÖPNV: Straßenbahnlinien 1, 2, 3 und 4, Haltestelle Hauptbahnhof

Every night, ev-e-
Just to be there i
Won't you stay
Won't you lay
Stay forever and

Hereinspaziert!

64 Das Schwabentor

Gekrönt von einem filigranen Zwiebelturm samt Glöckchen, geschmückt mit einer Uhr, deren goldene Ziffern das Sonnenlicht reflektieren, und bewacht von Stadtpatron Ritter Georg: So edel begrüßt das Schwabentor am Fuße des Schlossbergs Besucher, die aus östlicher Richtung in die Stadt kommen. Wer mit der Straßenbahn anreist, passiert das Tor direkt und ist gleich mittendrin in der malerischen Freiburger Altstadt mit ihren hübschen Gassen, den schmucken Häusern und den plätschernden Bächle.

Das Schwabentor ist eines der markantesten Gebäude der Stadt, weithin sichtbar und ein beliebtes Fotomotiv. Auf der äußeren Seite ist jener Kaufmann abgebildet, dem das Bauwerk seinen Namen verdankt – und über den sich bisweilen Gäste wie unwissende Einheimische wundern. Schließlich befindet sich Freiburg im Herzen von Baden, das bekanntermaßen in gefühlter Konkurrenz zum Landesteil Württemberg – auch Schwaben genannt – steht. Dieser schwäbische Kaufmann jedenfalls soll mit zwei Fässern voll Geld nach Freiburg gekommen sein, um die Stadt zu kaufen, in die er sich verliebt hat. Die Freiburger verspotteten ihn, besagt die Legende. Umso mehr, als sie feststellten, dass die Fässer lediglich Sand und Kieselsteine enthielten: Die geizige Frau des Kaufmanns hatte vor dessen Abreise das Geld heimlich ausgetauscht.

TIPP

Vom Greiffenegg-Schlössle auf dem Schlossberg ist der Blick aufs Schwabentor besonders schön.

Errichtet wurde das Schwabentor im 13. Jahrhundert als Teil der Wehranlage, um die Stadt vor unerwünschten Eindringlingen zu schützen. Dieses Bauwerk ist nicht nur Heimat dieser Legende, sondern auch von Freiburgs kleinstem Museum: der Zinnfigurenklause. Wer die 50 Stufen der Wendeltreppe erklimmt, kann dort im Sommerhalbjahr rund 9000 Figuren aus Zinn bewundern, die die Geschichte der Freiheitsbewegungen der Region nacherzählen. Und wer seine Lieben zu Hause mit einem außergewöhnlichen Souvenir überraschen möchte, kann die zwischen drei und acht Zentimeter großen Figuren sogar kaufen.

- Schwabentor Freiburg, Oberlinden 25, 79098 Freiburg
- ÖPNV: Straßenbahnlinie 1, Haltestelle Schwabentorbrücke

Komm, noch eine Runde!

65 Joggen im Mooswald

Blau, grün oder rot? Locker, flott oder mit ordentlich Tempo? Drei Joggingstrecken sind im Mooswald, der sich im gleichnamigen Freiburger Stadtteil befindet, ausgeschildert. Sie alle führen kreuz und quer ohne nennenswerte Steigung durch den Mischwald – und sind fünf, zehn oder fünfzehn Kilometer lang. Viele Sportler machen hier Frühsport, absolvieren eine kleine Feierabendrunde oder trainieren am Wochenende für lange Läufe und Wettbewerbe. Je näher der jedes Jahr im Frühling stattfindende Freiburg-Marathon rückt (unbedingt hingehen: tolle Stimmung, gute Musik, strahlende Finisher!), umso belebter ist das Wäldchen am Stadtrand. Die farbigen, an Baumständen und Schildern montierten Pfeile weisen den Läufern ihren Weg. Aber Achtung: Wer in Gesellschaft joggt und sich gut unterhält, kann schon mal den einen oder anderen Hinweis übersehen. Das führt rasch dazu, dass man sich im Wald-Labyrinth verirrt, aus der Fünf-Kilometer-Strecke acht Kilometer werden oder aus den zehn eben dreizehn. Man kann das aber auch positiv sehen: Unaufmerksamkeit steigert in diesem Fall den Trainingseffekt – und am Ende das gute Gefühl, sich bewegt zu haben.

TIPP

Als Joggingstrecke mit etwas Steigung empfehlen wir die Tour einmal um den Lorettoberg.

Wer sich alleine auf die Strecke wagt, nimmt nicht nur die blauen, grünen und roten Pfeile eher wahr, sondern erlebt die gesamte Umgebung viel intensiver: die zwitschernden Vögel, die rufenden Käuzchen, die raschelnden Blätter, die flinken Eichhörnchen, den durch die Baumkronen pfeifenden Wind. Kein Wunder, dass Waldbaden so beliebt ist. Im Mooswald können (nicht nur) Freizeitsportler unter dem dichten Blätterdach durchatmen, alle Sorgen vergessen und Kraft tanken. Wer mag, bringt (fußfaule) Partner und die Kinder mit: Am Eingang zu den ausgeschilderten Strecken liegt ein Waldspielplatz, nicht weit davon gibt es eine Grillstelle. Schließlich macht laufen ja auch hungrig. Fahrradfahrer und Spaziergänger sind natürlich auch willkommen im grünen Paradies.

- Mooswald-Joggingstrecken, Im Wolfswinkel, 79110 Freiburg
- ÖPNV: Buslinien 10 und 36, Haltestelle Hofackerstraße

Freiburger Fressgässle

66

Mittagessen in der Markthalle

Italienisch oder indisch? Flammkuchen oder Forellenfilet? Rote-Bete-Saft oder Rotwein? Wenn man in Gesellschaft essen möchte, die Geschmäcker verschieden sind und man sich nicht auf ein Restaurant einigen kann, empfiehlt sich ein Besuch der Freiburger Markthalle. Egal ob zum Mittagessen, Kaffeetrinken oder als Ausklang des Tages: Hier gibt es eine große Auswahl internationaler Gerichte und für jeden Geschmack etwas. Am persischen Stand sticht den Gästen leuchtend gelber Safranreis ins Auge. Wer wissen möchte, was typisch einheimisch ist, probiert bei den Badenern Brägele und einen Wein aus der Region. Gegen Heimweh hilft den Schwaben der Spätzle-Kiosk. Kalorienzähler finden in der Sa Su Bar eine große Auswahl verschiedener Salate. Und bei Nudelmacher Il Boccone würde man am liebsten drei Portionen bestellen – jedes Mal mit einer anderen Soße.

TIPP

Wer zu „untypischen" Zeiten kommt, hat viel Platz und muss nicht lange anstehen.

Doch nicht nur die Essensstände warten mit regionalen oder exotischen Gerichten auf und betören mit verführerischen Düften. Beim Haupteingang an der Grünwälderstraße lockt zudem eine große Auswahl an frischem Obst und Gemüse, frisch gepressten Säften, getrockneten Früchten und Nüssen sowie allerlei exotischen Gewürzen und Spezialitäten aus verschiedenen Ländern. Wen das Mittagessen also inspiriert, zu Hause am Herd selbst kreativ zu werden und etwas Neues auszuprobieren, kann einige Zutaten dafür gleich mitnehmen. Eine gut sortierte Fischtheke ergänzt das Angebot.

Die Freiburger nennen ihre Markthalle übrigens liebevoll Fressgässle und verbringen dort nicht nur gerne die eine oder andere Mittagspause, sondern genießen das tolle Ambiente in den Abendstunden und am Wochenende, wenn Bands auftreten oder DJs auflegen. Heiße Rhythmen, dazu eine arabische Rolle und einen Mojito vom Brasilianer oder einen Espresso mit original italienischem Gebäck – wenn das kein gefühlter Kurzurlaub ist!

- Freiburger Markthalle, Grünwälderstraße 4, 79098 Freiburg
- ÖPNV: Straßenbahnlinien 1,2,3 und 4, Haltestelle Bertoldsbrunnen

Rasant bergab

67 Schneevergnügen auf dem Schauinsland

Die Schneekristalle glitzern in den ersten Sonnenstrahlen. Die Bäume, die der Wind über die Jahre in gebeugte Gesellen verwandelt hat, werfen schwarze Schatten ins Weiß. In der Ferne erhebt sich der höchste Berg des Schwarzwalds – der Feldberg – mit seinen weiten Hängen. Wer die Ruhe der Natur sucht, findet auf dem winterlichen Schauinsland in den frühen Morgenstunden ein Paradies: Die wohltuende Stille und die Weite der Landschaft führen im Nu dazu, dass man die Hektik der Stadt ebenso wie den Alltag weit hinter sich lässt.

Selbst wenn unten im Tal schon die ersten Krokusse spießen und langsam der Frühling einzieht, kann man auf dem Freiburger Hausberg oft noch die herrlichsten Winterfreuden genießen. Langläufer gleiten die gespurten Loipen entlang, Skifahrer und Snowboarder starten direkt am Parkplatz Schauinsland, um von hier aus quer über den Hang zu den Liften des kleinen Örtchens Hofsgrund zu gelangen. Und Spaziergänger genießen den Blick über sonnige Bergrücken und schattige Täler. Wer eine Runde dreht, kann auch die sanfte Rundung des Belchen in der Ferne ausmachen, ebenso wie den Blauen, gut zu erkennen an einem Fernmeldeturm auf dem Buckel.

Wer einen Schlitten im Gepäck hat, kann ebenfalls direkt am Parkplatz losrodeln und zunächst sanft über die schimmernde Schneedecke gleiten. Bald wird der Hang steiler, der Schlitten schneller, schließlich saust er den Abhang hinunter. Kinder jauchzen vor Vergnügen. Jetzt heißt es: bremsen! 300 Meter lang ist die Abfahrt – da nimmt der Schlitten ordentlich Fahrt auf. Wer den Hang nicht wieder hinaufstapfen mag, kann entspannt mit dem Schlittenlift bergauf fahren: Schlitten einhängen und aufsitzen. Immer und immer wieder, bis die Finger kalt und die Nasen rot sind. Dann wärmt man sich im winzigen Bistro mit heißer Milchschokolade oder Glühwein auf, lässt den Blick noch mal schweifen über die wunderbare Landschaft und kehrt mit frischer Kraft zurück in die Stadt.

TIPP

Wer im Sommer rasant den Schauinsland hinab will, kann das mit dem Roller tun: www.roller-strecke.de.

- Schlittenlift Schauinsland, an der L 124 zwischen Schauinsland und Notschrei, 79254 Oberried, geöffnet Sa, So und feiertags
- ÖPNV: Straßenbahnlinie 2, Haltstelle Dorfstraße, dann Buslinie 21 zur Schauinslandbahn

Eine königliche Ausfahrt

68

Unterwegs in der Schwarzwaldrikscha

Ring-ring. Peter Weyel bahnt sich mithilfe seiner Fahrradklingel den Weg durch die Altstadt. Bereitwillig treten die Fußgänger zur Seite – nicht ohne verwundert oder fasziniert seinem Gefährt nachzuschauen. Der Rikschafahrer erwidert diese Blicke lächelnd mit einer einladenden Handbewegung. Wer seine Einladung an- und auf der roten Lederbank Platz nimmt, fühlt sich königlich. Man sitzt erhöht und ähnlich wie in einer Kutsche – nur, dass eben keine Pferde sich abmühen, sondern der Rikschafahrer mithilfe eines Elektromotors. Ganz schön rasant radelt Peter Weyel durch Freiburg – über holprige Pflastersteine, durch schmale Gassen und um enge Kurven. Viele Passanten grinsen beim Anblick der Rikscha. Mancher Radler guckt ein bisschen neidisch – vielleicht weil er selbst strampeln muss oder einfach mal gerne chauffiert werden würde. Andere schauen ein bisschen verschämt, etwa weil sie sich vorstellen, sie würden selbst in der Rikscha sitzen und für so viel Aufsehen sorgen?

Peter Weyel hat kein Problem mit Aufmerksamkeit. 30 Jahre lang hat er als Straßenartist seine Brötchen verdient, dann wollte er etwas Neues ausprobieren und übernahm die Schwarzwaldrikscha. Bevor er loslegte, hospitierte er bei Stadtführern. Sein Wissen gibt er nun bei Rikscha-Stadtrundfahrten weiter. Wie die aussehen, richtet sich nach den Gästen – sie bestimmen, was sie sehen möchten. Man kann bei Peter Weyel auch Stadtteil-Touren buchen, die Rikscha als Taxi-Ersatz oder sogar als Hochzeitsfahrzeug nutzen. Und egal aus welchem Anlass oder für welche Strecke – von der Rikscharückbank aus sieht selbst der erfahrene Freiburger seine Stadt aus einem anderen Blickwinkel, entdeckt Dinge und Details, die einem radelnd oder gehend noch nie aufgefallen sind. Wer mag, kann selbst zum Chauffeur werden und eine der beiden Weyel'schen Rikschas mieten. Ein schöner Nebeneffekt dieser Art des Fahrens – egal ob als Passagier oder Pilot: Man zaubert vielen Passanten ein Lächeln ins Gesicht.

TIPP

Winken wie die Queen – sorgt garantiert für Lacher.

● www.rikscha-freiburg.de

Lebe bunter!

69 Der Kartoffelmarkt

Gemusterte Schals setzen Farbakzente an grauen Tagen und machen helle Tage noch ein bisschen farbiger. Passend dazu gibt es figurschmeichelnde Walkröcke, luftige Leinenhosen, Ohrringe in allen Farben und Formen: Bei den Kartoffelmarkthändlern gibt es neben alternativer Ethno-Mode und exotischem Schmuck auch Räucherstäbchen, Lederrucksäcke und Traumfänger. Kartoffeln oder anderes Gemüse sucht man hingegen vergeblich. Seinen Namen hat der Markt dem Platz zu verdanken, auf dem er früher beheimatet war – dem Kartoffelmarkt zwischen Schiff- und Gauchstraße. Wegen verschiedener Baustellen in der Stadt mussten die Händler mehrfach umziehen. Seit Anfang 2019 haben sie am neu gestalteten Rotteckring ihre Waren aufgebaut. 20 Anbieter wechseln sich ab, maximal elf Stände haben auf dem Areal Platz. Ihre Waren kommen aus aller Welt. Bei Verena Bucherer etwa gibt es Schmuck und Textilien hauptsächlich aus Südamerika und Thailand. Sie legt großen Wert auf fairen Handel und kauft alles bei den Lieferanten vor Ort persönlich ein. Viele Kleider lässt sie eigens für die Freiburger Kunden nähen. Seit Ende der 1970er-Jahre gibt es den Kartoffelmarkt in Freiburg – und seine Fans.

Zwischen 10 und 18 Uhr sind die Händler in der Regel vor Ort, bei schlechtem Wetter und starkem Wind sucht man sie manchmal vergeblich. Zu ihren Stammkunden gehören Studentinnen mit Fernweh genauso wie Familien mit Öko-Faible. Da sucht etwa die Mittvierzigerin eine bequeme Hose für ihren Mann oder ein luftiges Leinenhemd für den Sohn, zwei Teenager-Freundinnen schenken sich gegenseitig Freundschaftsarmbänder aus hellbraunem Leder, ein Vater kauft seiner Tochter eine liebevoll gestaltete Holzhaarspange. Eine junge Frau kleidet sich an den Ständen von Verena Bucherer und ihren Kollegen komplett neu ein – und bringt so ein bisschen mehr Farbe in den Alltag – nicht nur in ihren eigenen, sondern auch in den all jener, die sie treffen.

TIPP

Ein tolles Mitbringsel: Holzperlenketten.

● Kartoffelmarkt, Rotteckring, 79098 Freiburg
● ÖPNV: Straßenbahnlinien 1, 2, 3, 4 und 5, Haltestelle Stadttheater

Rund und gesund!

70 Mamahé Bowls

Superlecker und gleichzeitig gesund: Was ideal klingt, ist leider nicht so oft zu haben. Wohl aber bei Mamahé in der Freiburger Innenstadt. Wer sich zum Lunch etwa für eine Athletica Bowl entscheidet, kann sich danach voller Energie dem restlichen Tag widmen. Hier werden nicht nur Vitamine, gesunde Proteine und Kohlehydrate kombiniert, hier isst auch das Auge mit: knackiger Brokkoli, rosa Rote-Bete-Hummus und knusprige Kichererbsen auf einem Bett aus Quinoa-Reis, dazu feine Avocado-Scheiben, ein paar Blaubeeren und Cashewkerne. Besser kann man nährstoffreich mit geschmackvoll kaum kombinieren. Toppings wie Lachs, Tofu, Ziegenkäse oder Pollo fino runden die Bowls ab. Wer etwas zum Aufwärmen braucht, wählt die Suppe. Brotliebhaber finden ihr Glück bei Chiasamenbrot mit Guacamole, Edamame und geröstete Nüsse sorgen für den nötigen Crunch. Fast alles ist vegan, vieles glutenfrei und auf besondere Wünsche geht der freundliche Service zuvorkommend ein.

Frühaufsteher können sich mit einer Frühstücks-Schale stärken: Die Beast Bowl kombiniert Erdnuss, Mandel, Hafer und Blaubeeren mit Hanf und weißer Schokolade. Die Bananabread Bowl ist ein Traum aus Bananenbrot, Beeren, Kakaonibs, Nüssen und Honig. Gut zu wissen: Frühstückszeit ist bei Mamahé ganztags. Und dann der Kaffee: Der eigens entwickelte Mamahé-Blend der Kaffeerösterei Günter Coffee Roasters schmeckt fruchtig und wird vom Barista liebevoll zubereitet. Dazu eine Acai Bowl – und der Tag ist perfekt!

Weil sich die guten Zutaten und die liebevolle Zubereitung rumgesprochen haben, ist das kleine Lokal schnell voll. Im schlicht-stilvollen Innenraum sitzt man gemütlich mit Blick durch die großen Fenster auf das Getümmel der Stadt. Draußen ist City-Feeling pur: Mehr Freiburg als im belebten Bermuda-Dreieck geht eigentlich nicht. Wem es zu trubelig ist, der kann alle Bowls auch zum Mitnehmen haben. Natürlich nachhaltig verpackt.

- Mamahé, Niemensstraße 5, 79098 Freiburg im Breisgau
- ÖPNV: Straßenbahnlinien 1, 2, 3 und 4, Haltestelle Bertoldstraße

Was piept denn da?

71 Ausstellung: Vom Ei zum Küken

Dicht gedrängt stehen große und kleine Zuschauer am gelben Zaun im zweiten Stock des Freiburger Naturkundemuseums. Gebannt beobachten sie, was in einem kleinen braunen Kasten hinter der Absperrung vor sich geht. Da! Eines der beiden Eier bewegt sich. Es wackelt. Und das kleine Loch, es wird größer! Einige halten die Luft an. Schon wieder eine Bewegung, diesmal beim zweiten Ei. Ist es jetzt endlich so weit?

In den Wochen vor und nach Ostern können Besucher im Museum Mensch und Natur Küken beim Schlüpfen beobachten. Rund 200 Tiere, darunter auch seltene und regionale Rassen, erblicken im Freiburger Museumsbrutkasten jedes Jahr das Licht der Welt – und beglücken die staunenden Zuschauer, die diesen magischen Moment miterleben dürfen. Die Küken verbringen ihre ersten Lebenstage im Museum und lassen sich beim Picken und Probeflattern beobachten. „Vom Ei zum Küken" heißt die Ausstellung, die seit 1990 nicht nur Kinder, sondern alle Generationen begeistert. Auf Informationstafeln können die Besucher nachlesen, wie sich ein Ei im Huhn entwickelt und was beim Brüten genau passiert. Spannend ist es für viele auch, präparierte Krokodil- und Schildkröteneier zu sehen. In einem anderen Bereich der Ausstellung geht es um die Bedeutung von Eiern außerhalb des Osterfests. So können etwa bunt verzierte mexikanische Glückseier und hübsche Blumeneier aus Malaysia bewundert werden. Und es gibt jede Menge Mitmachangebote: Schmuck aus der Schale eines Straußeneis basteln zum Beispiel. Mutige Besucher dürfen Hahn und Henne streicheln. Und gegen eine Spende kann eine Ei-Patenschaft übernommen werden.

Am spannendsten ist und bleibt aber das Geschehen im Brutkasten. Deshalb machen viele Gäste am Ende ihres Museumsbesuchs noch mal einen Abstecher in den Raum mit dem gelben Zaun. Üben sich in Geduld. Und hoffen, zur rechten Zeit am rechten Ort zu sein: um den faszinierenden Moment zu erleben, wenn ein Küken schlüpft.

TIPP

Auch die Dauerausstellung über die Erdgeschichte ist sehr sehenswert!

- Museum Natur und Mensch, Gerberau 32, 79098 Freiburg
www.freiburg.de/museen
- ÖPNV: Straßenbahnlinie 1, Haltestelle Oberlinden

Der Sound des Sommers

72 Das Zelt-Musik-Festival

Laue Sommernächte. Groovende Musiker. Entspannte Besucher. Das ist das Zelt-Musik-Festival. Seit Mitte der 80er-Jahre verwandelt sich das Areal neben dem Mundenhof jedes Jahr im Juli in ein Festgelände mit Zelten, Buden und Bühnen. Bei der Auswahl der im Zirkus- oder im Spiegelzelt auftretenden Musiker achten die Veranstalter auf ein breites Angebot. So kommen gleichermaßen Popmusikfreunde, Schlageranhänger, Klassikliebhaber oder Rockfans auf ihre Kosten. Einer der prominentesten und treuesten Interpreten des ZMF ist Schnulzenkönig Dieter-Thomas Kuhn. Außer bekannten Musikern verschiedener Genres schätzen auch regelmäßig Newcomer die Atmosphäre des Zelt-Musik-Festivals. Außer Klängen gibt es auch Kabarett, Artistik, Kleinkunst und (tagsüber) ein Kinderprogramm. Kostenlos sind diese tagsüber stattfindenden Veranstaltungen, weil den Künstlern keine Gagen gezahlt werden, diese aber das technische Equipment und Know-how für einen größeren Auftritt zur Verfügung gestellt bekommen und sich an einem Auftritt vor vielen Zuschauern versuchen können. Aufgrund der großen Bandbreite der Veranstaltungen ist das Publikum überaus heterogen: Da finden sich Senioren neben Jugend-Cliquen, Studierende neben Hochschullehrern und Singles neben älteren Ehepaaren. Musik verbindet Generationen, das wird beim ZMF deutlich.

TIPP
Ein Höhepunkt ist die alljährlich stattfindende A-cappella-Nacht.

Auch wer keine Karten hat, weil ein Konzert ausverkauft ist oder das nötige Kleingeld fehlt, kann auf dem zweieinhalb Wochen dauernden ZMF einen fantastischen Abend erleben: Auf der Freiluftbühne gibt's vor den offiziellen Konzerten kostenlos Livemusik. Dazu laden auf dem Festivalgelände etliche Essensstände, eine Cocktailbar und Lounge-Liegen zum Verweilen ein. Rund 40.000 zahlende Zuhörer zählen die Veranstalter durchschnittlich pro Festival, dazu rund 100.000 weitere Besucher, die kommen, um zu flanieren – und weil das ZMF zum Freiburger Sommer dazugehört wie die Studenten zum Campus.

- Zelt-Musik-Festival, Mundenhof, 79111 Freiburg
  www.zmf.de
- ÖPNV: Bus-Sonderlinie von Munzinger Straße direkt zum Festivalgelände

Schauen & schnuppern

73 Der Kräutergarten des Klosters St. Lioba

So verträumt ist kaum noch ein Ort in Freiburg. Der Kräutergarten des Klosters St. Lioba in Günterstal verbirgt sich in Richtung des Waldes hinter einer dicken Mauer und lässt doch sehr gerne die Besucher durch das offene Holztor. Wer hindurchtritt, findet sich in einem paradiesischen Garten wieder: Ringelblumen wuchern mit Schmuckkörbchen um die Wette, Eisenkraut streckt seine kräftigen Stiele der Sonne entgegen, Chilischoten heben sich knallrot vom Grün der Blätter ab, Sträucher schmiegen sich in den Schutz der Klostermauer. Der Heilkräutergarten ist ein gemeinsames Projekt der Benediktinerinnen des Klosters St. Lioba und eines Apothekers. In der Tradition der Klostergärten sind die Heilpflanzen nach ihren Anwendungsgebieten geordnet. Ob Schnupfen oder Nervenleiden – hier ist gegen fast alles ein Kraut gewachsen. Malve lindert den Hustenreiz, Schachtelhalm hilft bei Harnwegserkrankungen, Wermut beugt Magenbeschwerden vor. Es gedeihen hier Küchen- und Duftkräuter, Blühpflanzen, Sträucher und Bäume – und zu jedem Gewächs geben kleine Schilder Auskunft über Namen und Wirkweise. Bereiche mit indischen Heilpflanzen und Pflanzen aus der traditionellen chinesischen Medizin runden die Kräutersammlung ab.

Von den gelben Mauern des Klosters – einer Villa im toskanischen Stil – heben sich Silhouetten von Zypressen und Palmen ab. Auf einem Bänkchen sitzend genießt man hier den Blick ins Bunt der Blumen und den Duft von Lavendel, Thymian und Bohnenkraut. Wer etwas zum Schnuppern mit auf den Heimweg nehmen möchte, findet im Klosterladen Kräutertees und andere duftende Produkte, aber auch Honig, Karten und Bücher.

Unbedingt sollten Spaziergänger vom Klostergarten hinüber in den historischen Ortskern von Günterstal schlendern, wo das Torhaus des ehemaligen Zisterzienserklosters, die Liebfrauenkirche und die niedrigen Häuschen den heimeligen Klosterplatz einrahmen.

TIPP

Bei den Günter Coffee Roasters in der Schauinslandstraße genießt man Kaffee auf der Sonnenterrasse.

- Kräutergarten, Kloster St. Lioba, Riedbergstraße 1, 79100 Freiburg
- ÖPNV: Straßenbahnlinie 2, Haltestelle Wiesenweg

Kribbeln im Bauch

74 Die Nostalgische Messe im Stühlinger

Tausend Lichter leuchten über unseren Köpfen, schnörkelig-goldene Verzierungen schmücken das Karussell, und darunter schweben wir in der Schwanengondel dahin. Bäume, Menschen und Stände ringsum verschwimmen. Langsam wirken die Fliehkräfte, die Gondel und um uns herum die Kettensitze drängen nach außen. Und dann stellt es sich ein: dieses herrliche Kribbeln im Bauch. Ein Besuch auf der Nostalgischen Messe auf dem Stühlinger Kirchplatz ist wie eine Reise zurück in die Kindheit. Hier kann man gemächlich mit dem kleinen Zug eine Runde drehen, mit etwas Glück und Geschick beim Dosenwerfen den großen plüschigen Bären gewinnen oder ins „Riesenrädle" einsteigen. Ein Riesenrad, das aus der Zeit gefallen scheint. Als es bei Rummel oder Kirmes noch nicht um höher, schneller, lauter ging. Aus einer Zeit, in der alles noch kleiner war. Und gemütlicher. Und günstiger. Ebenso nostalgisch wie die Fahrgeschäfte sind nämlich die Preise: Pommes gibt es für unschlagbare 50 Cent. Der Stühlinger Bürgerverein, der jedes Jahr im Juni zur Messe einlädt, möchte ein Vergnügen anbieten, das sich alle leisten können. Das macht den Charme dieser Messe aus. Den Schaustellern geht es nicht um Profit, die Helfer sind mit ganz viel Spaß dabei, und die Besucher genießen die entspannte Atmosphäre und diese besondere Aura des Vergangenen. Im Kinderkarussell tuckern Feuerwehrauto und Motorrad unter einem Himmel aus 70er-Jahre-Blumenmuster, die Musik dudelt, und das Softeis schmeckt genauso wie in Kindertagen.

TIPP

Mittwochs und freitags gibt es auf dem Stühlinger Kirchplatz einen bunten Bauernmarkt.

Man kann den ganzen Tag hier vertrödeln. Nach ein paar Runden im Kettenkarussell holt man sich eine Tüte Pommes oder einen Crêpe, setzt sich gemütlich in den Schatten der Bäume, schlendert über den Familienflohmarkt, um sich dann noch einmal ins Rummelvergnügen zu stürzen. Und am Abend rockt die Oldtime-Rock-Band das Zelt. Ein herrlicher Ausflug in die Vergangenheit.

- Nostalgische Messe am Stühlinger Kirchplatz, Stühlingerstraße 74, 79106 Freiburg, www.bv-stuehlinger.de
- ÖPNV: Straßenbahnlinien 1, 2, 3 und 4, Haltestelle Eschholzstraße

Auf eine Biolimonade

75

Biosk statt Kiosk

(Über-)Regionale Zeitungen statt Regenbogenpresse, Biolimonade statt Bier, Möhren-Quiche statt Marlboro-Zigaretten: Der Biosk ist alles andere als ein gewöhnlicher Kiosk. Schon optisch hat er nichts mit seinen häufig mit Graffiti ver(un)zierten Pendants gemeinsam. Und bio steht hier nicht nur drauf, sondern steckt auch wirklich drin. Etliche Produkte, die Lars Millentrup und sein Team zwischen Stadthalle und Musikhochschule verkaufen, stammen aus biologischer Landwirtschaft. Nachhaltigkeit ist für den Gastronomen nicht nur eine Phrase, sondern das Lebensmotto: Die Dalla Corte, die Kunden mit frischem Kaffee versorgt, wird mit Ökostrom betrieben, die To-go-Becher und -Schälchen sind zu hundert Prozent kompostierbar.

Viele Kunden wissen das zu schätzen. Deshalb verwundert es kaum, dass immer viel Betrieb herrscht rund um den Biosk. Beliebt ist er gleichermaßen bei Passanten auf ihrem Weg zur Arbeit, die dem knusprigen Croissant nicht widerstehen können, das die Vollkornbäckerei Faller liefert. Oder bei Beschäftigten aus dem Quartier, die sich in der Mittagspause mit Suppe, Quiche und Energiekugeln stärken. Wer den Arbeitstag mit einem Vitamin-Kick abschließen möchte, bekommt am Biosk sprudelnde Demeter-Schorle oder frisch gepressten Saft. Stark vertreten unter den Kunden sind Familien. Für den Nachwuchs gibt's kleine Snacks, Kindercappuccino – also Milchschaum – und hinter dem Biosk eine große Fläche, die neben Sitzmöglichkeiten auch Platz für eine Runde mit dem Laufrad oder Bobbycar bietet. Für die Eltern – und natürlich alle anderen Biosk-Kunden – gibt es nicht nur Chai-, sondern auch Kurkuma-Latte, Trinkjoghurt, verschiedene Müslis sowie Salate und alle Kaffeesorten auch mit laktosefreier oder Sojamilch. In den warmen Monaten verkauft Millentrup in seinem Biosk außerdem frisches Obst aus der Region.

TIPP

Nur wenige Rad-Minuten vom Biosk entfernt befindet sich das Freiburger Strandbad.

- Biosk, Schwarzwaldstraße 80a, 79117 Freiburg
- ÖPNV: Straßenbahnlinie 1, Haltestelle Musikhochschule

Biosk
Zypresse

76 Rund um den Alten Wiehrebahnhof

Viel mehr braucht es nicht zum guten Leben: einen Bauernmarkt, ein schönes Café und ein Kulturkino. All das vereint der Alte Wiehrebahnhof an der Urachstraße. Mittwochs und samstags bauen die Marktleute aus dem Umland ihre Stände rund um den ehemaligen Bahnhof auf – und kredenzen, wovon der Gaumen nur träumen mag: Bergkäse aus dem Schwarzwald, Forellen aus Umkirch, Säfte aus Kenzingen, Pasta aus Italien. Und Obst und Gemüse in allen Farben und Sorten. Passend zum Stadtteil ist die Bio-Dichte bei den Ständen besonders hoch. Wer seine Einkäufe in den Korb gepackt hat, kann sich mitten im Marktgeschehen an eines der Tischchen des Cafés setzen und einen Milchkaffee schlürfen. Dazu gibt es Kuchen aus einer der besten Bäckereien der Stadt: der Bäckerei Bühler in der nahen Zasiusstraße. Dann wandert man unter den blühenden Glyzinien durch den kleinen Park, der entstanden ist, wo früher die Dampflokomotiven der Höllentalbahn schnauften. Oder man schaut den Boule-Spielern zu, die gemächlich ihrem Sport nachgehen.

TIPP

Pistazie-Meersalz oder Erdbeer-Basilikum: samstags gibt's auf dem Markt die Eis-Kreationen vom Café Ruef.

Das Gebäude des alten Bahnhofs hat sich mit den Jahren in ein kleines Kulturzentrum verwandelt: Das hier heimisch gewordene Literaturbüro veranstaltet Lesungen und Podiumsgespräche, das Cargo-Theater macht regelmäßig mit seinen Kinderstücken Station, und das Kommunale Kino lädt mehrmals die Woche zu wirklich außergewöhnlichen cineastischen Erlebnissen: Hier laufen Spiel- und Dokumentarfilme, mal gibt es einen Stummfilm mit Klavierbegleitung, ein Regiedebüt oder einen Klassiker der Filmgeschichte.

Und einmal im Monat wird es am Alten Wiehrebahnhof besonders bunt – und ja, auch voll. Dann findet samstags der Wiehre-Flohmarkt statt. Kleider und Schuhe, Bücher und Schmuck, Omas alte Tassen und das Silberbesteck – es ist ein herrliches Sammelsurium zum Stöbern und Feilschen. Und das an einem der charmantesten Plätze der Stadt.

- Alter Wiehrebahnhof, Urachsstraße 40, 79100 Freiburg
  www.koki-freiburg.de
- ÖPNV: Straßenbahnlinie 2, Haltestelle Lorettostraße, 5 Minuten Fußweg

ALTER WIEHREBAHNHOF

Kurztrip in den Urwald

77

Der Botanische Garten

Da! Gut versteckt unter einem Seerosenblatt sitzt einer. Und weiter links, direkt bei der Blüte, ein ganz kleiner. Nein, sogar zwei! Vom vierten sind nur die Augen zu sehen und auch nur für diejenigen, die ganz genau hinschauen. Frösche gibt es unzählige in den Teichen des Botanischen Gartens. Aber auch Schlammspringer, Schildkröten und Schmetterlinge lassen sich beim Hüpfen, Schwimmen und Flattern beobachten. Daneben kann man im Schatten hoher Bäume vor allem in den Sommermonaten prima relaxen, ins Grüne blicken und dem Vogelgezwitscher lauschen. Der zur Freiburger Universität gehörende Park ist eine vielfältige Oase mitten in der Stadt. Bei jedem Besuch lassen sich neue Pflanzen entdecken. Wer kein Problem mit hohen Temperaturen und noch höherer Luftfeuchtigkeit hat, kann in den Schaugewächshäusern exotische Pflanzen bewundern und sich fühlen wie auf einem Kurztrip in den Urwald. Neben dem Tropenhaus gibt es ein Farnhaus, ein Französisch-Guyana-Haus und ein Sukkulentenhaus mit riesigen Kakteen. Der Botanische Garten, in dem rund 6000 Arten kultiviert werden, dient nicht nur der Erholung der Stadtbewohner, sondern der Forschung, der Lehre und dem Artenschutz. Auf Informationstafeln erfahren die Besucher, wie bestimmte Pflanzen Forscher zu technischen Entwicklungen inspirieren – Bionik nennt sich diese Wissenschaft. So ist etwa der Bambus ein Vorbild für ultraleichte Bauteile und der Lotusblüte ist es zu verdanken, dass es inzwischen selbstreinigende Fassadenfarben gibt.

TIPP
Einmal monatlich gibt es thematische Führungen.

Ein eigener Bereich der Gartenanlage ist den Heilpflanzen gewidmet. Besucher lernen hier, welches Gewächs gegen welche Beschwerden helfen kann. Doch Vorsicht: Einige davon sind giftig! Nicht so im Sinnesbeet: Dort ist Anfassen nicht nur erlaubt, sondern sogar erwünscht. Sich erholen und gleichzeitig informieren – der Botanische Garten ist der perfekte Ort dafür – und er kostet glücklicherweise nicht einmal Eintritt.

- Botanischer Garten der Universität Freiburg, Schänzlestraße 1, 79104 Freiburg
- ÖPNV: Straßenbahnlinie 4, Haltestelle Hauptstraße

Film ab!

78 Die Kinos Friedrichsbau, Harmonie und Kandelhof

Spannende Dokumentationen, intelligente Komödien, berührende Dramen: Wer niveauvolle Filme abseits des Mainstreams sehen möchte, ist bei Ludwig Ammann richtig. Gemeinsam mit Michael Isele führt er drei ganz besondere Kinos in Freiburg.

Der Friedrichsbau im Herzen der Stadt wurde bereits 1911 als eines der ersten Kinos in Deutschland eröffnet. In den drei Sälen, die zwischen 28 und 270 Sitzplätze fassen, laufen neben den Arthouse-Perlen auch viele Dokumentationen. Für das hochwertige Programm gibt es regelmäßig Auszeichnungen – und großen Zuspruch von den Zuschauern. Überhaupt sind die Freiburger große Film-Fans: Sechsmal jährlich besuchen sie ein Kino – das entspricht dem Dreifachen des Bundesdurchschnitts. Bei dem tollen Angebot ist das allerdings kaum verwunderlich. Beliebt sind etwa die regelmäßig stattfindenden Pay-after-Aufführungen im Friedrichsbau, bei denen die Besucher am Ende selbst entscheiden, wie viel Geld ihnen der Film wert war.

TIPP
Den Sonntag mit einem Filmfrühstück im Friedrichsbau starten.

Zum Verbund der drei Arthouse-Kinos von Ludwig Ammann und Michael Isele gehört auch der Kandelhof, der mit seinem charmanten 50er-Jahre-Interieur und den Kurzfilmprogrammen punktet. Eine monatlich stattfindende Queerfilmnacht und die Schwule Filmwoche Freiburg gehören dort fest ins Jahresprogramm. Das dritte im Bunde ist das Kino Harmonie in der Innenstadt. Schon der Eingangsbereich mit dem glasüberdachten Foyer wirkt einladend, vom unwiderstehlichen Duft nach frischem Popcorn ganz zu schweigen. Gezeigt werden in den modernen Sälen Familienfilme, dreidimensionale Streifen und große deutsche und amerikanische Produktionen. Streng genommen betreiben Ludwig Ammann und Michael Isele sogar noch ein viertes Kino, zumindest von Ende Juli bis Mitte August: Das Sommernachtskino im Innenhof des Schwarzen Klosters besticht mit seinem märchenhaften Ambiente, natürlich dem unvergleichlichen Open-Air-Feeling und ist eine feste Größe im Freiburger Veranstaltungskalender.

● Friedrichsbau, Kaiser-Joseph-Straße 268–270; Harmonie, Grünwälderstraße 16–18; Kandelhof, Kandelstraße 27, www.friedrichsbau-kino.de
● ÖPNV: Friedrichsbau: Straßenbahnlinien 2 und 3, Haltestelle Holzmarkt; Harmonie: Straßenbahnlinien 1, 2, 3 und 4, Haltestelle Bertoldsbrunnen; Kandelhof: Straßenbahnlinie 2, Haltestelle Rennweg

TANZSCHULE GUTMANN
KINO Friedrichsbau
WIE ICH LERNTE, BEI MIR SELBST KIND ZU SEIN
25 KMH
BORDER
ATLAS
VAKUUM
BIRDS OF PASSAGE
CHRISTO-WALKING ON WATER
KINDERKINO
EIN GAUNER UND GENTLEMAN
HEUTE
THILDA
AYKA
PICASSO

Der Geschmack des Orients

79 Das Euphrat

Manchmal will das Glück erst entdeckt und erobert werden. Beim Imbisslokal Euphrat verhält es sich genauso. Es versteckt sich in der Niemensstraße unprätentiös hinter einer einfachen Glastür. Die lange Reihe der Menschen, die oft drinnen und draußen auf Yufka und Döner warten, gibt schon einen Hinweis darauf, dass sich hier ein Glücksort für Genießer verbirgt. Denn: Wer einmal probiert hat, kommt mit Sicherheit wieder. Cem Kans Küche ist inspiriert von der Heimat seiner Familie: der kulturell vielfältigen Euphrat-Region, deren Lage am Ende der Seidenstraße Einflüsse aus vielen Teilen der Welt an den Fluss brachte.

Wie die Köstlichkeiten im Restaurant Euphrat entstehen, kann man sehen: In der offenen Küche bereiten Kan und sein Team das Yufka-Brot auf Bestellung frisch zu. Die Genusshungrigen haben nun die Qual der Wahl unter den Füllungen: Knuspriges Hühnchen oder zartes Kalbfleisch, Knoblauch- oder Granatapfelsoße, vegetarisch mit Bulgur und Feta oder mit Hummus und Halloumi. Schon bevor vegan Trend wurde, hat Familie Kan Yufka mit rein pflanzlicher Füllung zubereitet: mit Kichererbsenbällchen, Bulgur und viel Gemüse. Um so lecker vegan zu schlemmen, nehmen einige Gäste weite Wege auf sich. Nirgendwo sind die Gewürzmischungen ausgefeilter, nirgendwo ist der Einfallsreichtum größer. Besonders lecker ist auch Cem Kans Kreation namens Falloumi, eine Füllung aus Falafel und Halloumi-Käse. Und mit der neuesten Erfindung Tofufell werden wieder die Veganer glücklich.

Das Euphrat liegt mitten im Freiburger Ausgehviertel Bermudadreieck. Niemens-, Löwen- und Universitätsstraße bilden hier ein Dreieck voller Cafés, Bars und Partylocations. Hier findet man zu jeder Tages- und Nachtzeit sein Glück: Ob beim Frühstück auf der sonnigen Terrasse des UC Unicafés, beim Lunch mit Kartoffelecken und diversen Dips im Légère oder bei Cocktails und Musik in der Maria-Bar. Und wen nach der Party noch mal der Hunger überfällt: Im Euphrat wird die Yufka auch um Mitternacht mit einem Lächeln serviert.

TIPP

Wer's urig mag, findet in der Löwenstraße mit dem „Schlappen" eine echte Freiburger Kultkneipe.

- Euphrat, Niemensstraße 13, 79098 Freiburg, www.euphrat.com
- ÖPNV: Straßenbahnlinien 1, 2, 3 und 4, Haltestelle Bertoldsbrunnen

Päuschen zwischen Museen

80

Auf den Stufen des Augustinerplatzes

An warmen Tagen – und zum Glück haben in Freiburg selbst die Wintermonate wenigstens ein paar davon – setzt man sich ein Weilchen auf den Augustinerplatz. Dafür braucht es keine Stühle oder Sessel, sondern einfach nur die 14 Stufen zwischen Grünwälderstraße und Gerberau. Äußerst beliebt ist der gepflasterte Platz nicht nur zur Mittagspausenzeit, wenn sich vespernde Kollegen, quasselnde Schüler und Freundinnen auf Shoppingtour hier versammeln, sondern besonders auch in den Abendstunden und in lauen Sommernächten. Um die Anwohner vor übermäßigem Lärm zu schützen, hat die Stadt Freiburg im Jahr 2009 die „Säule der Toleranz“ auf dem Platz installiert. Diese zeigt durch Farbwechsel an, wann es Zeit ist, den Heimweg anzutreten, oder zumindest das Feierabendbier ein bisschen leiser zu schlürfen. Studierende, die ihre Gitarre mitbringen und auf den Stufen ein Liedchen trällern, gehören an dieser Stelle genauso zum Stadtbild wie Künstler, die den Platz spontan zur Bühne umfunktionieren und mit artistischen Einlagen oder schauspielerischem Talent auf sich aufmerksam machen. Immer wieder ist der Augustinerplatz auch ein Ort, an dem kleinere Kundgebungen stattfinden. Keine Frage: Zu gucken gibt es stets etwas auf dem Augustinerplatz. Aber Achtung – auch wer auf dem Treppen-Tableau sitzt, wird beobachtet, etwa von den Gästen auf der Terrasse der Pizzeria Tialini oder der Spezerei Manna, bekannt für ihre Brotspezialitäten mit schmackhaften Toppings.

Der Platz eignet sich übrigens prima für ein Päuschen auf einer Kulturtour, schließlich liegt er genau zwischen zwei sehenswerten Museen: Im Augustinermuseum, einer ehemaligen Klosterkirche, können Besucher eine Kunstsammlung vom Mittelalter bis zum Barock sowie Malerei des 19. Jahrhunderts bewundern. Die Ausstellungen im Museum Mensch und Natur drehen sich um Ethnologie, Naturkunde und immer in der Osterzeit um Eier.

TIPP

Ganz in der Nähe des Augustinerplatzes, im Gewerbekanal, ist Krokodil Lulu zu Hause.

● Augustinerplatz, 79098 Freiburg
● ÖPNV: Straßenbahnlinie 1, Haltestelle Oberlinden

MILAGRO
STIEGELER
STIEGELER
der Toleranz

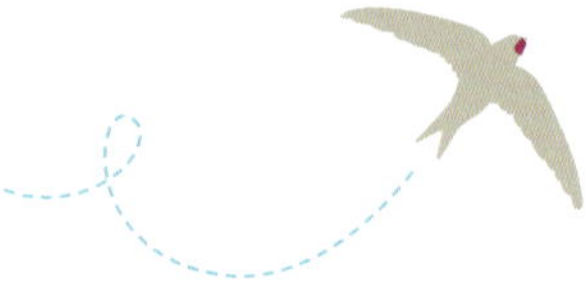

Für Alex, Alicia und Felicitas,
für René, Emma, Paul und Emil,
denen wir unser Glück verdanken.

Bibliografische Informationen der Deutschen Nationalbibliothek
Die Deutsche Nationalbibliothek verzeichnet diese Publikation in der Deutschen Nationalbibliografie; detaillierte bibliografische Daten sind im Internet über http://dnb.d-nb.de abrufbar.

3., aktualisierte Auflage 2024
Konzeption/Satz: Droste Verlag, Düsseldorf
Einbandgestaltung und Illustrationen: Britta Rungwerth, Düsseldorf, unter Verwendung von Bildern von © Fotolia.com: jd - photodesign.de; © iStock: Plociennik Robert
Fotos: Kathrin Blum & Silke Kohlmann, außer:
S. 23: Bernd Schumacher; S. 101: Julian Ottiger; S. 113: Rainer Muranyi ; S. 149: Museum Natur und Mensch - Städtische Museen Freiburg, Foto: Axel Killian; S. 151: Wolfgang Grabherr

FSC www.fsc.org MIX Papier | Fördert gute Waldnutzung FSC® C011279

Druck und Bindung: LUC GmbH, Greven
ISBN 978-3-7700-2593-0

www.droste-verlag.de